Heinz Georg Wolf:
# Der Schrott von morgen
## Zum Stand der Atomwirtschaft in der Bundesrepublik

Unter Mitarbeit von Friedrich Kur



Deutscher
Taschenbuch
Verlag

dtv

Originalausgabe
März 1985

Umschlaggestaltung: Celestino Piatti
Umschlagfoto: Heinz Georg Wolf
Gesamtherstellung: C. H. Beck'sche Buchdruckerei,
Nördlingen
Printed in Germany · ISBN 3-423-10393-0

Das Buch

Sie sind ins Gerede gekommen: die Kernkraftwerke und damit die offensichtlich gewordenen Mißerfolge der Atomwirtschaft. Sollten die Gegner der friedlichen Nutzung der Atomenergie am Ende doch recht behalten? Alles deutet darauf hin, daß Planung, Bau und Betrieb der Atomstromfabriken zur teuersten und unsinnigsten Investition der Volkswirtschaft geworden sind. Schon in den neunziger Jahren wird die Hälfte der 16 bundesdeutschen Kernkraftwerke das Pensionsalter erreicht haben. Die Folgen jahrelanger Fehlplanungen und vieler technischer Pannen sind noch nicht abzusehen. Zu den eklatantesten Fällen gehört die nukleare Stromfabrik Niederaichbach. Mit Millionen erbaut, mußte sie nach 18 Tagen regulärem Betrieb für immer abgeschaltet werden, ein radioaktiver Problemfall obendrein. Sie und andere Kernkraftwerke gehen nun ihrer milliardenteuren Verschrottung entgegen. Die Investitionen haben sich nicht gelohnt, die prognostizierte Wirtschaftlichkeit war eine Illusion und die Probleme von Risiko und Entsorgung kamen keiner wirklichen Lösung näher: Noch ehe das Atomzeitalter so recht begonnen hat, ist seine Zukunft fast schon wieder vorbei.
Heinz Georg Wolf hat den aktuellen Stand der Atomwirtschaft recherchiert und zieht auf dem Hintergrund der einst hochgesteckten Erwartungen eine faktenreiche Bilanz. Er überprüft die Argumente der Kernkraftgegner an der Realität und kommt zu dem Ergebnis, daß eingetreten ist, was noch immer als hysterische Schwarzmalerei abgetan wird. Er mißt die Positionen und Prognosen der Befürworter und Betreiber an den Tatsachen und stellt fest, daß trotz aller öffentlichen Dementis bereits zum Rückzug geblasen wird. Die Industrie wird wohl auf die einst prophezeite strahlende Zukunft vergeblich warten.

Der Autor

Heinz Georg Wolf, Jahrgang 1931, arbeitet als freier Journalist für verschiedene Zeitschriften sowie für Rundfunk und Fernsehen. Als anerkannter Fachmann veröffentlichte er Beiträge u. a. zu Energieproblemen und zu verschiedenen Fragen der natürlichen und industriellen Umwelt.

Inhalt

## 1. Die phantastischen Ideen der ersten Stunde

Als vor mittlerweile drei Jahrzehnten die deutsche Wirtschaft den Aufbruch ins Atomzeitalter witterte – US-Präsident Dwight D. Eisenhower hatte am 8. Dezember 1953 mit seiner »Atoms for Peace«-Rede vor der UNO die »friedliche Nutzung der Atomenergie« zur internationalen Aufgabe erklärt –, wurde eine strahlende Zukunft prophezeit.

Schiffe, Flugzeuge und Raketen, Lokomotiven und Autos sollten atomar angetrieben werden, Baby-Reaktoren Familienheime heizen, Wüsten mit atomar entsalztem Meerwasser fruchtbar gemacht und Elektrizität billig wie nie zuvor in schier unbeschränkten Mengen produziert werden.

Erdöl hatte damals in der Bundesrepublik noch keine zehn Prozent Anteil am Energiemarkt (Kohle 85 Prozent, der Rest Wasserkraft). Aber das Ende der Ölzeit wurde schon angekündigt, weil das Zeitalter der Atomenergie im Begriffe sei auszubrechen. Die Fachzeitschrift ›atomwirtschaft – atomtechnik‹, bis heute das Sprachrohr der Branche, versicherte 1956, innerhalb von vier Jahren könne die deutsche Stromversorgung zu 80 Prozent mit Atomenergie bestritten werden.

Die Atomeuphorie grassierte in den Vorstandsetagen der Großindustrie. AEG, BBC, Krupp, Deutsche Babcock AG, Gutehoffnungshütte Sterkrade AG (GHH), DEMAG, MAN und Siemens wollten in die Atomtechnik einsteigen, Reaktoren bauen und vor allem exportieren.

Politiker heizten die Euphorie an. 1955 wurde das Bundesministerium für Atomfragen (heute Bundesministerium für Forschung und Technologie – BMFT) eingerichtet, und Franz Josef Strauß erkannte als Atomminister, nur wer Atomkraftwerke bauen und liefern könne, werde »sich in der vordersten Reihe der Industrienationen« behaupten können.

Sein Nachfolger Siegfried Balke mahnte, die deutsche Wirtschaft müsse »bald in der Lage sein, kleine und mittlere Reaktoren in die weiten Wüsten der Entwicklungsländer zu exportieren«, und prägte die griffige Formel: »Wenn wir keine Kernkraftwerke anzubieten haben, werden wir eines Tages auch keine Staubsauger mehr verkaufen können.«

Wirtschaftsminister Ludwig Erhard verkündete, die »gesamte wirtschaftliche Entwicklung einer so exportorientierten Industrienation wie der Bundesrepublik« müsse durch Leistungen »auf atomtechnischem Gebiet« gefördert werden.

Auch der Traum von energiewirtschaftlicher Unabhängigkeit wurde geträumt. Der Historiker Joachim Radkau macht in seiner Habilitationsschrift ›Aufstieg und Krise der deutschen Atomwirtschaft 1945–1975‹ ein »autarkistisches Leitmotiv« aus, das »die Anfänge der deutschen Atompolitik durchzieht«.

So beschloß der Arbeitskreis Kernreaktoren, ein einflußreiches Gremium der Deutschen Atomkommission, in der Aufbruchsstimmung des Jahres 1957, daß es vorzuziehen sei, »zwecks Vermeidung internationaler Kontrollen, deutsches Uran in Reaktoren zu verwenden«. Und der Bergassessor a. D. Ferdinand Friedensburg, damals CDU-Abgeordneter im Bundestag, Professor für Bergwesen an der Technischen Universität Berlin und Präsident des Deutschen Instituts für Wirtschaftsforschung, berichtete dem Bonner Parlament von »praktisch unbegrenzten Mengen Uran« im eigenen Land.

Noch bevor es in der Bundesrepublik den ersten Versuchsreaktor gab – der kam erst 1961 mit einer Lizenz aus den USA in Gang –, verplanten die Außenhandelsstrategen der deutschen Wirtschaft den Weltmarkt für Atomtechnik. Radkau über jene Zeit: »Unter den in Aussicht genommenen Kunden rangierten schon frühzeitig Indien und Brasilien an erster Stelle – danach kamen etwa Pakistan, Iran, Ägypten und Argentinien – Staaten, die als die kommenden Großmächte der Dritten Welt galten ...«

Biertischstrategie in den Chefetagen der Großindustrie: Heute, zum Ende des dritten Jahrzehnts nationaler Atompolitik und -wirtschaft, lassen die Exporterfolge immer noch auf sich warten. Käse aus deutschen Landen geht auf dem Weltmarkt besser als deutsche Atomtechnik. 1982 wurden für 1,6 Milliarden Mark Käse exportiert. Die Atomindustrie brachte es im selben Jahr auf Ausfuhren im Wert von 1,3 Milliarden Mark. Dabei war sie 1982 besonders erfolgreich. In den Jahren zuvor kam die Branche kaum über je 700 bis 900 Millionen Mark Exporterlöse hinaus.

In der Geschichte der Technik findet sich kein Beispiel dafür, daß die Mächtigen in Wirtschaft und Staat jemals so phantastischen Vorstellungen aufgesessen sind, wie sie die Propheten des Atomzeitalters vorgegaukelt haben. Vergleichbares bieten nur jene etwas beschränkten Fürsten des 17. und 18. Jahrhunderts, die ganze Vermögen an Alchimisten verschwendeten in dem Glauben, die könnten aus irgendwelchem minderwertigen Zeug Gold machen.

## 2.
## Was blieb, war heißes Wasser

Von den hochgesteckten Erwartungen hat sich kaum etwas erfüllt. Atomenergie befördert heute keine Flugzeuge durch die Lüfte und keine Raketen ins All, bringt keine Lokomotiven und Automobile zum Ziel, entsalzt kein Meerwasser.

Auch aus der Reaktor-Schiffahrt ist nichts Rechtes geworden – abgesehen davon, daß die Großmächte U-Boote und andere Kriegsschiffe, die Sowjetunion auch drei Eisbrecher, atomar betreiben, weil es dabei ja auf Kosten und Risiken nicht ankommt. Nur drei Nationen haben sich getraut, Handelsschiffe mit Atomantrieb auf die Weltmeere zu schicken: die USA, Japan und die Bundesrepublik.

Die USA – deren Atom-U-Boot »Nautilus« schon 1958 unter der Eisdecke des Nordpols hindurch getaucht ist –, die also gewiß auf dem Stand der Technik sind, verschrotteten 1972 ihre NS (Nuclear Ship) »Savannah« (15585 Bruttoregistertonnen – BRT) nach neun Jahren verlustreichem Betrieb.

Die Japaner ließen 1974 die »Mutsu« (8300 BRT) vom Stapel. Bei der ersten Fahrt wurde der Reaktordeckel undicht. Die Fischer im Heimathafen Mutsu befürchteten radioaktive Verseuchung ihrer Fanggründe und verhinderten lange Zeit die Rückkehr des Atom-Dampfers. Er dümpelte im Pazifik, bis er schließlich doch in Mutsu einlaufen durfte, und nahm Ende 1978 Kurs auf Sasebo in eine Werft. Im April 1980 wurde die Reparatur genehmigt. Sie sollte drei Jahre dauern. Seither ist es still geworden um das Schiff.

Das deutsche Atom-Schiff, die »Otto Hahn« (16870 BRT), benannt nach Otto Hahn, der 1938 die Kernspaltung bei Uran und Thorium entdeckt hatte, kreuzte von 1968 bis 1978, mit einem Reaktor bestückt, auf den Weltmeeren. Dann wurde es »nuklear entsorgt« und mit einem 12000-PS-Dieselmotor ausgestattet.

Die Forschungsreise ins Atomzeitalter endete beim Öl. Das Lehrgeld – 53 Millionen Mark Baukosten – haben der Bund (42 Prozent) und die Küstenländer Bremen, Hamburg, Niedersachsen und Schleswig-Holstein (zusammen 28 Prozent) sowie die Europäische Atomgemeinschaft (EURATOM, 30 Prozent) bezahlt.

Die Gesellschaft für Kernenergieverwertung in Schiffbau und Schiffahrt (GKSS-Forschungsgesellschaft Geesthacht GmbH), die das Atom-Schiff nach einem guten Jahrzehnt Vorbereitung auf die kurze Reise geschickt hat, testet derweil auf der Nordsee-Insel Pellworm Windmühlen, natürlich mit Forschungsmitteln. Schließlich gehört die GKSS mehrheitlich dem Bund und den vier Küstenländern. Japanische Schiffsbauer experimentieren inzwischen mit Frachtern, die Windkraft mit computergesteuerten Segeln nutzen und bei Flauten Fahrt mit Dieselmotoren machen. Drei Jahrzehnte Atomzeitalter haben nicht mehr hervorgebracht als eine komplizierte, gefährliche und teure Technik, Wasser für Stromerzeugung heiß zu machen, damit Wasser mit Strom heiß gemacht werden kann.

Auch der Traum von der Autarkie ist ausgeträumt. Von den »praktisch unbegrenzten Mengen Uran« haben die Prospektoren nicht viel gefunden. Nur eine Lagerstätte verheißt uranhaltiges Erz in einer Konzentration, die den Abbau lohnen würde. Sie befindet sich bei Menzenschwand im Schwarzwald. Aber die Mengen, die dort aus deutschem Untergrund zu schürfen wären, könnten die heute betriebenen Atommeiler nur knappe sieben Jahre unter Dampf halten. Die deutsche Atomwirtschaft hängt völlig von Uran-Importen ab.

Diese Abhängigkeit wird verbal kaschiert, Uran wird eine »quasi heimische Energiequelle« genannt. Weil stets große Mengen Uran für die Fabrikation der Brennelemente bevorratet werden, so sagen die Atommenschen, sei die Versorgung so sicher, als ob es Energie aus dem eigenen Land wäre. Tatsächlich reichen die Vorräte eben aus, die Atomkraftwerke vier bis fünf Jahre in Betrieb zu halten. Mit der Versorgungssicherheit ist es also nicht allzu weit her – verglichen etwa mit Kohle und Erdgas, die zu 90 und fast 40 Prozent aus heimischen Vorkommen stammen.

Dennoch muß niemand fürchten, daß die Lichter verlöschen und die Kochplatten erkalten. Der Anteil der Atomkraft an der Energieversorgung ist gering. Er liegt bei neun Prozent des Primärenergieverbrauchs – jener Energiemenge, die in der Bundesrepublik insgesamt eingesetzt wird. Bezogen auf den Endenergieverbrauch – jene Energiemenge, die nach Umwandlungsverlusten als verbrauchsfertiger Heiz- und Treibstoff sowie in der Form von Elektrizität bei den Kunden ankommt –, hat Atomkraft noch einen Anteil von vier bis fünf Prozent. Das ungünstige Verhältnis hat seine Ursache darin, daß bei der Umwandlung von Primärenergie in die Endenergie Elektrizität sehr hohe Verluste in Kauf genommen werden müssen. Bei der Stromerzeugung gehen etwa zwei Drittel der eingesetzten Primärenergie als Abwärme verloren.

Um das Verhältnis zu verdeutlichen:

- 1983 wurden 362 Millionen Tonnen SKE (Steinkohleneinheiten – Umrechnungsfaktoren in Kilowattstunden und Joule im Anhang) Primärenergie eingesetzt.
- Daraus wurden 235 Millionen Tonnen SKE Endenergie. Der Wirkungsgrad des volkswirtschaftlichen Systems zur Energieversorgung betrug also, bezogen auf die Umwandlung von Primär- in Endenergie, 64 Prozent.

Von den 235 Millionen Tonnen SKE Endenergie sind 84 Prozent in der Form von fossilen Brenn- und Treibstoffen geliefert worden, 16 Prozent in der Form von Strom. Die Stromerzeugung aber hat 30 Prozent der Primärenergie verschlungen.

Ein Energieversorgungssystem verbraucht um so mehr Primärenergie, je größer der Anteil an Elektrizität an der Darbietung der nutzbaren, der Endenergie wird:

- Würde – was freilich nur theoretisch vorstellbar ist, weil Autos, Lastzüge, Traktoren, Mähdrescher und Flugzeuge nicht wirtschaftlich oder gar nicht elektrisch betrieben werden können – der gesamte Endenergiebedarf mit Elektrizität gedeckt, so müßten rund 800 Millionen Tonnen SKE in Kraftwerken verfeuert werden, damit 235 Millionen Tonnen SKE zu den Verbrauchern kommen. Der Wirkungsgrad des Systems läge bei 30 Prozent.
- Bei 50 Prozent Stromanteil wären 520 Millionen Tonnen SKE einzusetzen; Wirkungsgrad 45 Prozent.
- Bei 25 Prozent Stromanteil müßten etwa 400 Millionen Tonnen SKE verbraucht werden, um 235 Millionen Tonnen SKE Endenergie in die Fabriken, die Gewerbebetriebe, öffentlichen Einrichtungen und Haushalte zu bringen; Wirkungsgrad 59 Prozent.

Knapp drei Viertel der Endenergie wird dafür verwandt, Wasser warm, heiß und zu Dampf zu machen. Dieser Zweck ist allemal preiswerter, mit geringerem Aufwand und weniger Verlusten zu erfüllen, wenn der Umweg über die Stromerzeugung ausgespart und der Brennstoff direkt verheizt wird.

Das gilt auch für den atomaren Brennstoff. Könnte man den einfach unter den Kessel einer Zentralheizung im Einfamilien- oder Miethaus oder in die Feuerungsanlage eines städtischen Fernwärmewerkes einschieben, wäre viel gewonnen. Die atomare Energie wäre anstatt zu nur einem Drittel zu 80 oder 90 Prozent zu nutzen.

Der Vorschlag, atomare Fernheizwerke oder Heizkraftwerke in den Großstädten zu installieren, wurde in der Tat schon gemacht, aber rasch wieder verworfen, gar nicht ernsthaft diskutiert, weil das Strahlenrisiko in dicht besiedelten Gebieten zu groß wäre.

## 3.
## Energieprognosen nach dem Prinzip des Hundertjährigen Kalenders

Die deutsche Atomstromwirtschaft begann im Juni 1961. Damals wurde bei Kahl – einem Dorf am Main auf halbem Weg zwischen Aschaffenburg und Hanau – das VAK (Versuchsatomkraftwerk) Kahl in Betrieb genommen. Den 17-Megawatt-Siedewasserreaktor baute die AEG in nur drei Jahren. Die Pläne und die technischen Innereien für den nuklearen Teil lieferte der US-Konzern General Electric Co. Die Bundesrepublik schloß damit zu den Großmächten auf, die als Abfallprodukte ihrer militärischen Experimente mit Kernspaltung schon die ersten atomaren Stromerzeuger unter Dampf hatten:

- Großbritannien – vier 50-Megawatt-Blöcke, die von 1956 bis 1958 ans Netz gegangen waren
- die Sowjetunion – sechs 100-Megawatt-Meiler, die von 1958 bis 1962 fertiggestellt wurden
- Frankreich – ein 40-Megawatt-Kraftwerk seit 1959
- die USA – ein 175-Megawatt-Reaktor, der 1960 den ersten Strom lieferte.

In rascher Folge wurden in der Bundesrepublik weitere Atommeiler in Betrieb genommen:

- 1965 der MZFR (Mehrzweckforschungsreaktor) Karlsruhe (Druckwasserreaktor, 58 Megawatt), 1984 stillgelegt
- 1966 der AVR (Atomversuchsreaktor) Jülich (Hochtemperaturreaktor, 15 Megawatt), der Entwurf für den THTR-300 Uentrop, dessen 296 Megawatt nach 15 Jahren Planungs- und Bauzeit seit 1985 Strom produzieren
- ebenfalls 1966 das KRB Gundremmingen (Siedewasserreaktor, 252 Megawatt), das nach elf Jahren pannen-

reichem Betrieb inzwischen stillgelegt und zum Verschrotten freigegeben wurde

- 1968 das KWO Obrigheim (Druckwasserreaktor, 345 Megawatt) und das KWL Lingen (Siedewasserreaktor, 256 Megawatt), das 1977 schon in so ruinösem Zustand war, daß es für immer vom Netz abgeklemmt werden mußte.

Fast 1000 Megawatt atomarer Leistung waren damit zum Ende der sechziger Jahre installiert. In Planung und im Bau waren Ende der sechziger Jahre:

- der Schnelle Brüter KNK II (Kompakte Natriumgekühlte Kernreaktoranlage) im Kernforschungszentrum Karlsruhe (18 Megawatt), Entwurf für den Schnellen Brüter Kalkar
- der Schwerwasserreaktor KKN Niederaichbach (100 Megawatt), der in eineinhalb Jahren Probelauf über 18 Tage halbwegs funktionierte und 1974 für immer abgeschaltet wurde
- die Siedewasserreaktoren KWW Würgassen (640 Megawatt) und KKB Brunsbüttel (770 Megawatt)
- die Druckwasserreaktoren KKS Stade (630 Megawatt) und Biblis A (1145 Megawatt).

Ein zügiger Fortschritt, aber gemessen an den Vorstellungen und Prophezeiungen der fünfziger Jahre kein Durchbruch. 1970 trug Atomkraft mit eben 0,6 Prozent zum Bedarf an Primärenergie bei. Die Wende zum Aufschwung schaffte der damalige Bundeswirtschaftsminister Hans Friderichs, heute Vorstandssprecher der Dresdner Bank und Aufsichtsratsmitglied bei RWE. Der von der sozial-liberalen Koalition frisch ins Amt gehievte FDP-Politiker ließ von den Wirtschaftswissenschaftlern dreier energiewirtschaftlicher Institute erforschen, wie der Energiebedarf der Bundesrepublik sich entwikkeln werde. Schon im Januar 1973 lag eine »Gemeinschaftsprognose« der drei Institute vor, die, ohne wesentliche Änderungen im September 1973 von der Bundesregierung veröffentlicht, als »Erstes Energieprogramm« in die Wirtschaftsgeschichte der Bundesrepublik einging.

Das war zu einer Zeit, als der Liter Heizöl zehn Pfennige kostete und von Energiesparen und -krise noch keine Rede war. Der Jom-Kippur-Krieg, in dem die Israelis den Ägyptern aufs Haupt schlugen und der im Spätherbst 1973 die »Ölkrise« auslöste, stand noch bevor. Kaum ein Energieversorgungsstratege vermutete oder erahnte damals einen bevorstehenden Notstand – der ja bis heute auch nicht eingetreten ist.

Damals rechneten der Bundeswirtschaftsminister Friderichs und seine Fachleute vor, daß im Jahr 1985 der Einsatz von

- 612 Millionen Tonnen SKE Primärenergie erforderlich sein würde
- der Stromverbrauch 610 Milliarden Kilowattstunden erreichen werde und
- zur Deckung des elektrischen Bedarfs 45 000 Megawatt atomare Kraftwerksleistung zur Verfügung stehen müßten.

Die Wachstumsraten des Energieumsatzes, mit denen Friderichs und seine Fachleute die Energiepolitik der Bundesrepublik vorausbestimmen und festschreiben wollten, sind nach einer Methode ermittelt worden, die schon dem Abt Knauer von Langheim im 17. Jahrhundert geläufig war. Der geistliche Herr hat über nicht ganz ein Jahrzehnt Wetterstatistiken geführt – nämlich aus dem Fenster geschaut, ob es stürmt oder schneit, regnet oder ob die Sonne scheint und alles schön aufgeschrieben. Aus diesen Aufzeichnungen bastelte er seinen »Hundertjährigen Kalender«. Seine auch astrologisch begründete These war, daß alles so wieder kommen müsse, wie es einmal gewesen war.

Ähnlich gingen die Autoren des Energieprogramms von 1973 ans Werk. Das Bruttosozialprodukt war von 1960 bis 1972 im Durchschnitt um knapp 4,6 Prozent jährlich gewachsen. Ziemlich genau um die gleiche Quote, nämlich im Mittel um 4,4 Prozent je Jahr, hatte in dieser Zeit der Einsatz an Primärenergie zugenommen. Die Energiebedarfsforscher schlossen daraus, daß Wirtschaftswachstum und Energieverbrauch in einer Art naturgesetzlichem Zusammenhang stünden. So wurde, damit die Wirtschaft weiter wachse, der Energiebedarf mit jährlichen Steigerungsraten von 4,3 Prozent beschlossen. Von den 354,3 Millionen Tonnen Steinkohleneinheiten (SKE) im Jahr 1972 ausgehend, ergaben sich auf diese Weise 612 Millionen Tonnen SKE für 1985.

Doch kaum war das Rechenwerk veröffentlicht und vom Parlament für gut befunden, da inszenierten im Spätherbst 1973 die OPEC-Staaten die Ölkrise und jubelten die Preise für Rohöl – bis heute die Leitwährung auf dem Energiemarkt – innerhalb weniger Wochen um 175 Prozent hoch. Endprodukte zogen noch stärker an. Heizöl zum Beispiel verteuerte sich damals von zehn auf 30 Pfennig je Liter.

Die Bundesregierung verordnete in hysterischer Reaktion ein paar Sonntagsfahrverbote, und ihr Wirtschaftsminister gab die »Erste Fortschreibung des Energieprogramms« in Auftrag. An dieser Vorschau wirkten wieder die Institute mit, die auch schon die »Gemeinschaftsprognose« verfaßt hatten: das Deutsche Institut für Wirtschaftsforschung (DWI) in Berlin, das Energiewirtschaftliche Institut (EWI) an der Universität Köln und das Rheinisch-Westfälische Institut für Wirtschaftsforschung (RWI) in Essen.

Die Zukunftsforscher blieben unverdrossen bei dem Glaubenssatz, daß nur steigender Energieumsatz das Wirtschaftswachstum sichern könne. Aber sie schraubten die Erwartungen etwas zurück. Als realistisch galten in der neuen Ausgabe des Energieprogramms 3,3 Prozent jährliche Steigerung des Energieverbrauchs und des Bruttosozialprodukts. Hochgerechnet wurde von den 378,5 Millionen Tonnen SKE, die 1973 durchgesetzt wurden, und so kam für 1985 der Bedarf von knapp 560 Millionen Tonnen

SKE heraus. Das waren zehn Prozent weniger als in der ersten Fassung des Programms. Bei der Schätzung des Stromverbrauchs kamen die Experten auf nur noch 557 Milliarden Kilowattstunden. Doch der Atomkraft wurde eine größere Rolle zugewiesen. Sie sollte bis 1985 auf 45 000 bis 50 000 Megawatt Leistung ausgebaut werden. Damit hätten 57 bis 63 Prozent des hochgerechneten Strombedarfs gedeckt werden können – vorausgesetzt, die von den Atomstromwirtschaftlern angenommene Arbeitsverfügbarkeit von 80 Prozent wäre zu erreichen (tatsächliche Arbeitsverfügbarkeit s. Tabelle S. 39).

Die erste Fortschreibung wurde im Oktober 1974 veröffentlicht. Aber da war sie schon so wahr wie ein Horoskop von gestern. Die Teuerung durch die Ölkrise verdroß die Verbraucher so sehr, daß der Verbrauch an Primärenergie 1974 um gute drei und 1975 um weitere fünf Prozent zurückging, anstatt zu steigen.

Die Energieforscher fütterten ihre Rechner mit neuen Daten und brachten 1977 eine »Zweite Fortschreibung« heraus. Diesmal wurde von den 348 Millionen Tonnen SKE des Jahres 1975 mit 3 bis 3,3 Prozent hochgerechnet. Danach müßte 1985 der Bedarf auf 470 bis 482 Millionen Tonnen SKE stehen. Aber auch diese Vorhersage hielt nicht stand. Zwar stieg das Bruttosozialprodukt programmgemäß um etwa drei Prozent, aber der Energiebedarf hinkte hinterher – abgesehen von 1978 und 1979, wo er die Spitzenwerte von 389 und 408 Millionen Tonnen SKE erreichte.

So schafften denn die Wirtschaftswissenschaftler kurzer Hand das Naturgesetz ab, nach dem Energieumsatz und Bruttosozialprodukt um denselben Prozentsatz wachsen. Sie erfanden den »Elastizitätskoeffizienten«. Mit diesem Faktor lassen sich die Rechner so füttern, daß sie das Bruttosozialprodukt rascher wachsen lassen als den Energieumsatz. Das war ein großer Fortschritt. Denn nun konnten die Weissager in den wirtschaftswissenschaftlichen Instituten, auf deren Erkenntnisse sich die Bundesregierung stützt, wenn sie besseres Investitionsklima und Aufschwung beschwört, Prognosen mit gemäßigten Steigerungsquoten der Energieumsätze vorlegen, ohne damit die Hoffnung auf Wachstum des Bruttosozialprodukts zu trüben.

Die erste Prognose der neuen Art kam als »Dritte Fortschreibung« 1981 auf den Markt. Sie nahm Steigerungsquoten

- von 0,4 bis 0,7 Prozent jährlich für den Energieumsatz und
- von 2,2 bis 3,4 Prozent für das Bruttosozialprodukt an.

Mit diesen Faktoren errechneten die Wirtschaftswissenschaftler, daß 1985 der Bedarf an Primärenergie 416 bis 433 Millionen Tonnen SKE betragen werde.

Aber auch um diese magere Quote mochte der Bedarf nicht steigen. Im Gegenteil: Er fiel – von 390 Millionen Tonnen SKE 1980 auf 362 Millionen Tonnen SKE 1983 (minus sieben Prozent) und stagniert seither. Die Zuverlässigkeit der wissenschaftlichen Prognosen des für 1985 errechneten Bedarfs zeigt folgendes Bild:

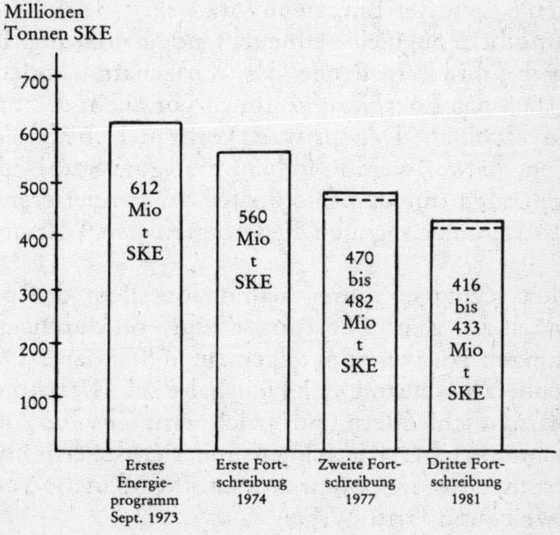

Tatsächlich werden 1985 nach allem, was aus den Daten zum Ende des Jahres 1984 zu schließen ist, nicht mehr als 362 bis 365 Millionen Tonnen SKE umgesetzt. Und das entspricht in etwa dem Bedarf Mitte der siebziger Jahre. Das Bruttosozialprodukt liegt heute freilich (inflationsbereinigt) um etwa acht Prozent höher als damals. Das ist weniger, als es auch nach den elastischen Hochrechnungen hätte sein sollen. Aber die Nation ist darüber nicht ärmer, eher um den Preis der nicht verbrauchten Energie reicher geworden.

Die Erfinder des Elastizitätskoeffizienten haben zwar bei dem ersten Versuch, mit dem neuen Faktor umzugehen, nicht besonders erfolgreich in die Zukunft gesehen. Aber immerhin ist es ihnen gelungen, wissenschaftlich zu erklären, warum Wirtschaftswachstum und Energieverbrauch auseinanderdriften können.

Indes, die Sache mit dem Elastizitätskoeffizienten ist so neu nicht. In den Jahrbüchern des Statistischen Bundesamts in Wiesbaden steht nachzulesen, daß das Bruttosozialprodukt in den fünfziger Jahren doppelt so rasch gewachsen ist wie der Energieumsatz.

Dafür gibt es auch eine einleuchtende Erklärung. In den fünfziger Jahren, in denen das Wirtschaftswunder ausbrach, ließ das Energieaufkommen vor allem die Fabrikschlote rauchen. Der private Verbrauch hielt sich in Grenzen. Es war weithin üblich, die »gute Stube« nur an Wochenenden mit dem Kohleofen zu temperieren, und im Schlafzimmer regelten Federbetten den Wärmehaushalt.

In den sechziger Jahren nahm vor allem der private Verbrauch zu. Zentralheizungen und voll durchgeheizte Wohnungen wurden zum allgemeinen Standard. Die zunehmende Ausstattung der Haushalte mit Waschmaschinen, Wäscheschleudern und -trocknern, Geschirrspülern, Kühlschränken, Gefriertruhen und Fernsehern steigerte den Stromverbrauch. Mehr Kraftstoff floß in die Vergaser von Zweit- und Dritt-Wagen.

Der industrielle Energiebedarf wuchs dagegen nur noch langsam. Strukturwandel und neue Techniken senkten den spezifischen, den auf den Produktionswert bezogenen Energieeinsatz. Branchen wie Chemie, Kunststoffverarbeitung, Textil, Zellstoff/Papier, Metall, Steine/Erden, Nahrungs- und Genußmittel verminderten den spezifischen Bedarf um die Hälfte und bis auf ein Drittel und weniger.

In den siebziger Jahren erreichte auch der private Verbrauch seine Sättigungsgrenzen. Und außerdem kam – wegen der Ölteuerung – Energiesparen in Mode. Das Quasi-Naturgesetz, nach dem ein Prozent mehr Energieverbrauch ein Prozent mehr Wirtschaftswachstum bewirkt (oder umgekehrt), wurde damit außer Kraft gesetzt. Aber die Forscher rechneten noch eine Weile mit ihrer Ein-zu-eins-Formel weiter. Auch der Drang nach wissenschaftlicher Erkenntnis hat seine Trägheitsmomente.

## 4.
## Die teure Vorsorge der Stromversorger

Das Versuchsatomkraftwerk bei Kahl, mit dem die deutsche Atomstromwirtschaft begann, ist mittlerweile zur Verschrottung bestimmt. Es wurde im Herbst 1984 ein letztes Mal mit Brennelementen bestückt. Im November 1985 wird es stillgelegt. Fünf weitere Atommeiler, die später gebaut wurden und wegen technischer Mängel früher abgeschaltet werden mußten, stehen zur Verschrottung an. In den kommenden 10 bis 15 Jahren, bis zur Jahrtausendwende, werden noch einmal zehn Reaktoren mit insgesamt 8500 Megawatt schrottreif werden. Das ist gut die Hälfte der heute installierten atomaren Kapazität (16000 Megawatt, s. Tabelle auf S. 26f.).

Neu in Betrieb genommen werden in dieser nahen Zukunft voraussichtlich sechs Atomkraftwerke mit zusammen knapp 7000 Megawatt elektrischer Leistung. Das sind die Reaktoren, an denen zur Zeit schon gebaut wird (s. Tabelle auf S. 28). Weitere zehn Reaktoren mit zusammen rund 13000 Megawatt Leistung stehen auf dem Papier. Sie wurden in den siebziger Jahren geplant, ihre Standorte (s. Tabelle auf S. 29) bestimmt und Aufträge vergeben. Aber dann kam alles anders. Die Zuwachsraten des Strombedarfs blieben aus, und die Baukosten kletterten im Affentempo. Dazu ein Beispiel:

- Biblis A, 1240 Megawatt, das 1974 ans Netz ging, kostete 700 Millionen Mark.
- Das KKI-2 Ohu, 1285 Megawatt, das ab 1988/89 Strom liefern soll, wird mit heute voraussehbaren Baukosten von 6,5 Milliarden Mark ums Neunfache teurer. Auch inflationsbereinigt ist das immer noch etwa das Fünffache dessen, was Biblis A einmal gekostet hat.

Die Ab- und Zugänge atomarer Kapazität zur Stromerzeugung aufgerechnet, wird am Ende des nächsten Jahrzehnts weniger Atomstrom zur Verfügung stehen als heute – es sei denn, einige der Papier-Meiler werden wider alle Erwartungen doch gebaut. Der Versorgungssicherheit wird das keinen Abbruch tun. Die Stromproduzenten – Elektrizitätsversorgungsunternehmen (EVU) – haben seit Anfang der siebziger Jahre Kapazitäten angeschafft, mit denen sie noch eine gute Weile zurecht kommen können.

Die öffentlichen Stromversorger haben die gesetzlich definierte Aufgabe (Energiewirtschaftsgesetz), die Versorgung zu sichern – das heißt: jederzeit so viel Strom zu liefern, wie die Verbraucher in Industrie, Gewerbe und Handel, Landwirtschaft und Haushalten gern haben möchten.

Sie müssen, um ihren Versorgungsauftrag erfüllen zu können, ständig einiges mehr an Leistung bereit halten, als im Schnitt tatsächlich gebraucht wird, und auch für Reserven sorgen, die bei unverhofften Ausfällen von Kraftwerken einspringen können.

In den Sommermonaten werden in der Tagesspitze – sie wird in der Mittagszeit erreicht – den Kraftwerken 44 000 bis 48 000 Megawatt Leistung abverlangt. Über Nacht sinkt die Beanspruchung auf 25 000 bis 30 000 Megawatt. In den Wintermonaten steigt die Tageshöchstlast auf 50 000 Megawatt und mehr an. Die sogenannten Nachttäler werden flacher, weil die Elektrospeicherheizungen in Betrieb sind. Von November bis Februar sind auch nachts 40 000 bis 45 000 Megawatt am Netz.

Die tages- und jahreszeitlich unterschiedlichen Anforderungen bestimmen die Strategie der Stromversorger beim Einsatz ihrer Kraftwerke:

- Ein Teil bestreitet die Grundlast, jenen Bedarf, der einigermaßen gleichmäßig im Tagesverlauf besteht. Die Obergrenze liegt im Sommer bei 25 000 bis 30 000 und im Winter bei 40 000 bis 45 000 Megawatt. Für die Grundlast werden vor allem Atom- und Braunkohlekraftwerke eingesetzt, die nur sehr schwerfällig auf Lei-

Kernkraftwerke und Entsorgungsanlagen

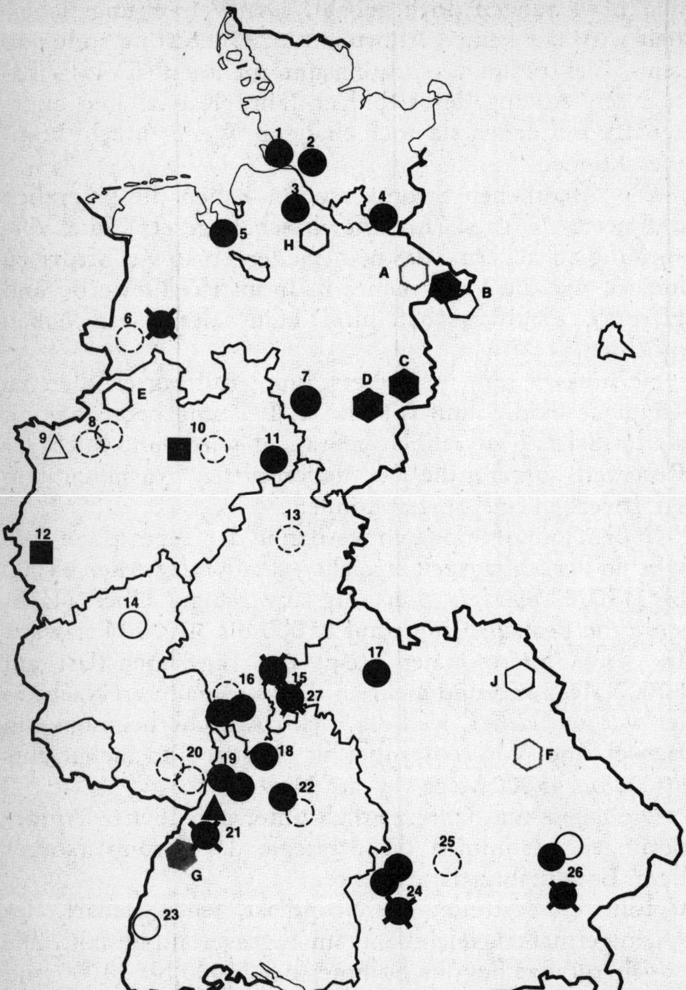

**Entsorgungsanlagen**

Endlager

Zwischenlager

vorhandene } Wiederaufarbeitungsanlage

geplante } Wiederaufarbeitungsanlage

A Dragahn
B Gorleben
C Wolfenbüttel (Konrad)
D Salzgitter (Asse)
E Ahaus
F Schwandorf (Wackersdorf)
G Karlsruhe
H Stade
J Mitterteich

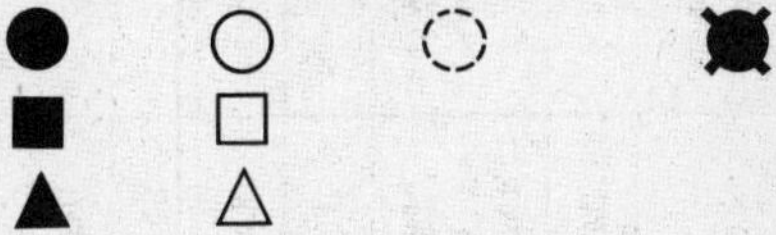

| Kernkraftwerke | in Betrieb | im Bau | geplant bzw. im Genehmigungsverfahren | stillgelegt |
|---|---|---|---|---|
| Leichtwasserreaktor | | | | |
| Hochtemperaturreaktor | | | | |
| Schneller Brutreaktor | | | | |

1 KKB Brunsbüttel
2 KBR Brokdorf
3 KKS Stade
4 KKK Krümmel
5 KKU Esensham-Unterweser
6 KWL Lingen und KKE Emsland
7 KWG Grohnde
8 Vahnum 1 und 2
9 SNR 300 Kalkar
10 THTR 300 Hamm-Uentrop
11 KWW Würgassen
12 AVR Jülich
13 KWB Borken
14 Mülheim-Kärlich
15 VAK Kahl
16 Biblis A, B und C
17 KKG Grafenrheinfeld
18 KWO Obrigheim
19 KKP Philippsburg 1 und 2
20 Neupotz A und B
21 KKN Karlsruhe
22 GKN 1 und 2 Neckarwestheim
23 KWS Wyhl
24 KRB Gundremmingen A, B und C
25 Pfaffenhofen/Zusam
26 KKI 1 und 2 Ohu, KKN Niederaichbach
27 HDR Großwelzheim

Tabelle 1: Die Atomkraftwerke in der Bundesrepublik Deutschland

| bestellt | in Betrieb seit | Atomkraftwerk und Standort | Typ | thermische Leistung in MW | el. Leistung brutto in MW | el. Leistung netto in MW | Bemerkungen |
|---|---|---|---|---|---|---|---|
| 1958 | 1961 | VAK Kahl | SWR | 60 | 17 | 15 | stillgelegt |
| 1961 | 1965 | MZFR Karlsruhe | SDWR | 200 | 58 | 51 | stillgelegt |
| 1962 | 1966 | KRB Gundremmingen | SWR | 801 | 250 | 237 | stillgelegt |
| 1959 | 1966 | AVR Jülich | HTR | 46 | 15 | 13 | |
| 1964 | 1968 | KWL Lingen | SWR | 520 | 180 | 174 | stillgelegt |
| 1964 | 1969 | KWO Obrigheim | DWR | 1050 | 345 | 328 | |
| 1965 | 1971 | HDR Großwelzheim | HDR | 100 | 25 | 22 | stillgelegt nach erfolglosen Probeläufen |
| 1966 | 1971 | KKN Niederaichbach | $D_2O$-Gas | 316 | 106 | 100 | stillgelegt nach erfolglosen Probeläufen |
| 1967 | 1972 | KKS Stade | DWR | 1892 | 662 | 630 | |
| 1967 | 1972 | KWW Würgassen | SWR | 1912 | 670 | 640 | |
| 1966 | 1973 | KNK Karlsruhe | ZrH-Na | 58 | 21 | 20 | bis 1974 mit thermischem Kern in Betrieb, dann Umrüstung zu KNKI |

| | | | | | | | |
|---|---|---|---|---|---|---|---|
| 1969 | 1975 | Biblis A | DWR | 3517 | 1204 | 1146 | |
| 1969 | 1976 | KKB Brunsbüttel | SWR | 2292 | 805 | 770 | |
| 1971 | 1976 | GKN-1 Neckarwestheim | DWR | 2497 | 855 | 810 | |
| 1971 | 1977 | Biblis B | DWR | 3752 | 1300 | 1240 | |
| 1966 | 1978 | KNK II Karlsruhe | SNR | 58 | 21 | 18 | s. o. |
| 1971 | 1979 | KKU Unterweser, Esensham | DWR | 3733 | 1300 | 1230 | |
| 1971 | 1979 | KKI-1 Ohu | SWR | 2575 | 907 | 870 | |
| 1970 | 1980 | KKP-1 Philippsburg | SWR | 2575 | 900 | 864 | |
| 1975 | 1982 | KKG Grafenrheinfeld | DWR | 3782 | 1299 | 1225 | |
| 1972 | 1983 | KKK Krümmel | SWR | 3690 | 1316 | 1260 | |
| 1975 | 1984 | KRB-B Gundremmingen | SWR | 3840 | 1310 | 1244 | |
| 1975 | 1984 | KWG Grohnde | DWR | 3765 | 1361 | 1294 | |
| 1975 | 1984 | KKP-2 Philippsburg | DWR | 3765 | 1349 | 1268 | |
| 1970 | 1985 | THTR 300 Uentrop | HTR | 768 | 308 | 296 | |
| 1975 | 1985 | KRB-C Gundremmingen | SWR | 3840 | 1310 | 1244 | |

Tabelle 2: Atomkraftwerke im Bau

| bestellt | geplante kommerzielle Inbetriebnahme | Bezeichnung | Typ | thermische Leistung in Megawatt | elektrische Leistung brutto in Megawatt | elektrische Leistung netto in Megawatt |
|---|---|---|---|---|---|---|
| 1973 | 1986 | Mülheim-Kärlich* | DWR | 3760 | 1308 | 1223 |
| 1975 | 1987 | KBR Brokdorf | DWR | 3765 | 1360 | 1290 |
| 1972 | 1987 | SNR-300 Kalkar | SNR | 762 | 327 | 295 |
| 1982 | 1988 | KKI-2 Isar (Ohu) | DWR | 3765 | 1370 | 1285 |
| 1982 | 1988 | KKE Emsland | DWR | 3765 | 1301 | 1231 |
| 1982 | 1990 | GNK-2 Neckarwestheim | DWR | 3765 | 1314 | 1230 |

* Hersteller die BBC-Tochter BBR, die anderen KWU.

Tabelle 3: Atomkraftwerke abbestellt und aufgeschoben

| bestellt | ursprünglich geplante Inbetriebnahme | Bezeichnung | Typ | thermische Leistung in Megawatt | elektrische Leistung brutto in Megawatt | elektrische Leistung netto in Megawatt | Bemerkungen |
|---|---|---|---|---|---|---|---|
| 75 | 90 | KWS Wyhl | DWR | 3765 | 1362 | 1284 | Baubeginn auf unbestimmte Zeit verschoben |
| 75 | 90 | KKH Hamm | DWR | 3765 | 1301 | 1231 | Planung eingestellt |
| 75 | 90 | Biblis C und D | DWR | 2 × 3765 | 2 × 1314 | 2 × 1237 | Planung vorerst eingestellt |
| 78 | — | Neupotz A und B | DWR | 2 × 3765 | 2 × 1300 | — | storniert im Herbst 1982 |
| 74 | — | Vahnum A und B | DWR | 2 × 3765 | 2 × 1300 | 2 × 1226 | Planung eingestellt |
| 76 | 90 | KRL Pfaffenhofen | DWR | — | 1368 | 1298 | Planung eingestellt |
| 74 | — | KWB Borken | DWR | — | 1300 | 1240 | Planung eingestellt |
| — | — | SNR-2 Kalkar | SNR | 3400 | 1460 | 1300 | Bestellung und Planung auf unbestimmte Zeit verschoben |

stung kommen und deshalb für das Bestreiten plötzlicher Bedarfsspitzen ungeeignet sind, und die Laufwasserkraftwerke, die freilich mit nur 2400 Megawatt einen geringen Anteil an der Stromerzeugung haben.

- In der Mittellast werden Steinkohle-, Öl- und Erdgaskraftwerke eingesetzt, die rascher zu- und abgeschaltet werden können. Sie werden aufgeheizt, wenn ab sechs Uhr in der Früh der Strombedarf steigt, weil der erwerbstätige Teil der Bevölkerung in die Hände spuckt, um das Bruttosozialprodukt zu steigern.
- Für Spitzenlast stehen Gasturbinen-, Speicher- und Pumpspeicherkraftwerke bereit. Sie können aus dem Stand gestartet werden und kommen innerhalb von Minuten auf ihre höchste Leistung.

Einmal im Jahr wird dem so organisierten Kraftwerkpark der öffentlichen Stromversorger die größte Tageshöchstleistung abverlangt. Es ist meist ein besonders finsterer, naßkalter Tag im Dezember oder Januar. Doch im Januar kommt es selten zu dieser Höchstlast, weil dann ja die Sonne schon wieder etwas früher auf- und später untergeht.

Wann es dazu kommt, ist unvorhersehbar wie Hagelschlag oder Erdbeben. Die Last baut sich in den frühen Morgenstunden etwa ab sechs Uhr auf, wenn die elektrischen Wecker piepsen, die Lichter angehen, die stromgespeisten Durchlauferhitzer Dusch- und Badewasser heiß machen, Kaffeemaschinen, Toaster und Eierkocher in Betrieb gesetzt werden, die Radios über Straßenzustände berichten, Tram-, S- und U-Bahnen die dichteste Zugfolge haben.

Die Last nähert sich der ersten Spitze, wenn gegen acht Uhr die Werkstätten, Industriebetriebe und Dienste leistenden Gewerbe auf Touren kommen, in Läden, Kaufhäusern und Supermärkten die Neonröhren für Reklame, fürs Beleuchten von Arbeitsplätzen und Verkaufsräumen aufflackern, in den Büros die Schreibtischlampen angeknipst werden, die Kopierer warm laufen und die elektrischen Schreibmaschinen zu tickern beginnen, die Hausfrauen und -männer Waschmaschinen und Wäscheschleudern anwerfen, Geschirrspüler einschalten und zum Staubsauger greifen.

Über den Vormittag kann die Kurve etwas abflachen, weil es draußen heller und drinnen weniger Licht gebraucht wird. Ab elf Uhr steigt sie wieder, weil dann in Kantinen, Wirtshäusern und zu Hause die Kochplatten heiß werden. Dann kann an jenem besonders nebligtrüben Tag im tiefen Winter der Strombedarf über den in den Morgenstunden hinaus steigen.

Am Nachmittag sinkt der Bedarf. Einen nur kleinen Schub gibt es, wenn die Leute nach Hause kommen, alles einschalten, was elektrisch funktioniert, und sich vor die Fernseher hocken.

Der 15. Dezember 1983 war ein solcher Spitzentag. Es war ein Donnerstag, und die absolut höchste Belastung wurde um acht Uhr morgens erreicht.

Zu dieser Zeit verfügten die Stromversorger über Kraftwerke mit insgesamt knapp 76400 Megawatt sogenannter Engpaßleistung (höchstmögliche Dauerleistung eines Kraftwerks oder aller Kraftwerke in einem Verbund):

- 22510 Megawatt Steinkohle
- 12978 Megawatt Braunkohle
- 11530 Megawatt Erdgas
- 11523 Megawatt Atomkraft
- 11221 Megawatt Heizöl
- 6011 Megawatt Laufwasser, Pumpspeicher und Speicherkraftwerke
- 616 Megawatt sonstige, die aus Müllverbrennung, Grubengas, Faulgas aus Kläranlagen und Mülldeponien sowie mit Dieselmotoren Strom gewinnen.

Mit dieser Engpaßleistung gerieten die Stromversorger an jenem 15. Dezember in keinen Engpaß. Die morgens um acht zu bewältigende Spitzenlast betrug 53800 Megawatt. Sie beanspruchte nur 70 Prozent der installierten Kapazität. Oder von unten nach oben gerechnet: Auch an diesem Tag der höchsten Belastung war die Engpaßleistung um 42 Prozent höher als die für kurze Zeit tatsächlich benötigte Leistung.

Seither haben die Kraftwerker noch besser vorgesorgt. 1984 konnten sie 3700 Megawatt Leistung neu ans Netz klemmen:

- 2695 Megawatt aus Atomkraft – nämlich die Atommeiler KRB-B Gundremmingen und KWG Grohnde
- 1005 Megawatt aus Steinkohle – drei Blöcke Gersteinwerk, Lünen, Wolfsburg. Eigentlich hätten es 4050 Megawatt sein sollen, denn geplant waren noch die 350 Megawatt aus Braunkohle vom Kraftwerk Buschhaus, der »Dreckschleuder«, die das Bonner Parlament so gern entgiftet hätte, aber dann doch nicht durfte, und deren Inbetriebnahme vorläufig noch gerichtlich verhindert werden konnte.

1850 Megawatt veralteter, vorwiegend kleiner Kohle-, Öl- und Gaskraftwerke, deren Dampf schon aus vielen Löchern pfiff und die bilanztechnisch uninteressant geworden waren, wurden bis Ende 1984 stillgelegt. Zu- und abgerechnet verfügen die öffentlichen Stromversorger 1985 somit über gute 78150 Megawatt. Die Überkapazität beträgt im Sommer, wenn die Tageshöchstlast 48000 Megawatt kaum übersteigt, mehr als 60 Prozent. Auch für arktische Winter, wie sie alle 50 Jahre vorkommen, ist mehr als gut vorgesorgt. Als am 8. Januar 1985 die Last für kurze Zeit auf 59200 Megawatt hochschoß, blieben immer noch 32 Prozent Reserve.

Überkapazität, deren fixe Kosten die Strompreise hochtreiben? Die Elektrizitätserzeuger bereiten kunstvolle Rechnungen auf, nach denen sie immer noch knapp bei Megawatten sind. Zum einen brauchen sie natürlich Reserven, die einspringen müssen, wenn bei hoher oder höchster Belastung irgendwelche Kraftwerke unvorhergesehen ausfallen. Die veranschlagen sie auf 20 Prozent. Danach könnten bei einer Höchstlast von rund 54000 Megawatt insgesamt 64800 Megawatt ausreichen.

Aber, so argumentieren die Stromfabrikanten, man muß die gerade in Reparatur und Inspektion befindlichen Kraftwerkskapazitäten abziehen, bevor man hochrechnet, welche Reserven tatsächlich verfügbar sein können. Und wenn sie so hin und her, rauf und runter rechnen, kommt allemal heraus, daß es gar keine Überkapazitäten gibt.

Offenbar sind die Kraftwerke in neuerer Zeit in einen sehr maroden Zustand geraten, sehr viel störanfälliger geworden als früher:

- 1970 reichten noch 20 Prozent Überkapazität aus, um die Versorgung übers Jahr und auch an dem Wintertag mit der höchsten Höchstlast zu sichern.
- 1975 war 37 Prozent mehr Leistung installiert, als tatsächlich in der Spitze gebraucht wurde.
- Inzwischen steht neben je zwei Kraftwerken, die Strom liefern, ein drittes als Reserve bereit, wenn es nicht gerade repariert wird.

Wiewohl so gut ausgestattet, wollen die Versorgungsunternehmen weiter investieren. Bis 1990 sollen 16000 Megawatt neu ans Netz gehen:

- sechs Kernkraftwerke mit zusammen 6554 Megawatt
- Steinkohlekraftwerke mit 7260 Megawatt
- Braunkohlekraftwerke mit 2200 Megawatt.

Nach Abzug der bis dahin stillzulegenden Kraftwerke (nach Angaben der Stromwirtschaft 8000 bis 9000 Megawatt) werden dann etwa 86000 Megawatt Kraftwerks-Kapazitäten in deutschen Landen herumstehen. Dann wird der Zustand erreicht sein, daß die Kraftwerker wahlweise sämtliche Kernkraftwerke oder die Steinkohlekraftwerke übers Jahr abschalten könnten, ohne die Versorgung im geringsten zu gefährden.

Kein Unternehmen, das sich in dem mitunter rauhen Klima der freien Marktwirtschaft behaupten muß, kann so viel in Produktionsanlagen investieren, die nichts produzieren. Die Stromwirtschaftler können sich das erlauben. Erfüllen sie doch die Aufgabe, die der Staat ihnen übertragen hat: die Versorgungssicherheit zu gewährleisten. Sie sind Erfüllungsgehilfen des Staates. Und was der Staat kostet, zahlen allemal die Bürger – per Steuer oder Stromtarif.

Wenn den Stromproduzenten das Geld knapp wird, weil sie sich mit ihren Investitionen übernommen haben, können sie bei den zuständigen Behörden Tariferhöhungen beantragen. Zuständig sind die Wirtschaftsministerien der Länder. In den Aufsichtsräten der Stromerzeuger und -händler wiederum werden auch Sessel für bedeutende Persönlichkeiten aus der Wirtschaftspolitik warm gehalten. So hat Bayerns Wirtschaftsminister Anton Jaumann seinen Platz im Aufsichtsrat der Bayernwerk AG (Aktionär der Freistaat), seine niedersächsische Kollegin Birgit Breuel sitzt im Aufsichtsrat der Preußenelektra, und die Badenwerk AG gehört zu 75 Prozent dem Land Baden-Württemberg.

## 5.
## Weniger Versorgungssicherheit durch mehr Atomkraft

Die kostentreibenden Überkapazitäten sind zum großen Teil durch falsche Entscheidungen der Aufsichtsräte und Vorstände der großen Stromerzeuger zustande gekommen. Weit überzogene Erwartungen im Hinblick auf steigenden Strombedarf, von falschen Prognosen der führenden Institute für Wirtschaftsforschung stimuliert, haben die Fehlinvestitionen verursacht.

Aber auch das muß einkalkuliert werden: Ein System zur Stromversorgung mit hohem Anteil atomarer Kraftwerke bedarf hoher Reserven. Atommeiler sind anfälliger für Störungen als fossile Kraftwerke. Wegen des hohen Sicherheitsrisikos müssen sie auch bei geringfügigen Defekten in der Leistung heruntergefahren oder abgeschaltet werden. Die Arbeitsverfügbarkeit (die Zeit des Jahres, in der ein Kraftwerk Strom produzieren kann) schwankt stark. Voraussehbar sind nur Stillstände etwa alle ein bis eineinhalb Jahre, wenn ein Drittel der Brennelemente gewechselt wird.

Schwierig ist schon die Voraussage, wann ein Atomkraftwerk nach der Bestückung mit neuen Brennelementen wieder ans Netz gehen kann. Bei der Revision während des geplanten Stillstands fallen häufig ungeplante Reparaturen an. Aus vier Wochen Stillstand können so leicht sechs, acht und mehr Wochen werden.

Mitunter sind Lastabsenkungen notwendig, das heißt, die Leistung muß wegen irgendwelcher Mängel vorübergehend heruntergefahren werden. Häufig gibt es Reparaturen außer der Reihe, was – so der Sprachgebrauch der Atomkraftwerker – geplante Stillstände verursacht, die freilich mitunter sehr plötzlich geplant werden müssen.

Außerdem kommt es recht oft zu ungeplanten Stillständen, die durch Turbinenschnellabschaltung (TUSA) und

Reaktorschnellabschaltung (RESA) unverhofft innerhalb von Sekunden von dem elektronischen Kontrollsystem ausgelöst werden. Das ›Jahrbuch der Atomwirtschaft‹ listet in der Ausgabe 1984 für das Betriebsjahr 1982 auf

- 42 geplante
- 30 ungeplante Stillstände
- 17 Lastabsenkungen.

Tabelle 4: Stillstände und Lastabsenkungen bei Atomkraftwerken in der Bundesrepublik Deutschland 1982

| Atomkraftwerk und Standort | Leistung netto i. MW | Stillstände | | Lastabsenkungen |
|---|---|---|---|---|
| | | gepl. | ungepl. | |
| VAK Kahl | 15 | 3 | 4 | – |
| KNK II Karlsruhe | 18 | 5 | 1 | – |
| AVR Jülich | 13 | 1 | 5 | – |
| MZFR Karlsruhe | 51 | 1 | – | – |
| KKG Grafenrheinfeld | 1225 | 1 | 3 | – |
| KKP-1 Philippsburg | 864 | 3 | 2 | 4 |
| KKU Unterweser, Esensham | 1230 | 2 | 2 | – |
| KKI-1 Ohu | 870 | 6 | 1 | – |
| KKB Brunsbüttel | 770 | 5 | 3 | – |
| GKN Neckarwestheim | 810 | 3 | 1 | 2 |
| Biblis A | 1145 | 2 | – | 5 |
| Biblis B | 1240 | 2 | 4 | 3 |
| KWO Obrigheim | 328 | 1 | 1 | 2 |
| KKS Stade | 630 | 4 | – | – |
| KWW Würgassen | 640 | 3 | 3 | 1 |

1982 gab es in der Bundesrepublik 15 Reaktoren mit Leistungen von 15 Megawatt (AVR Jülich) bis 1300 Megawatt (Biblis B, KKU Unterweser und KKG Grafenrheinfeld). Zusammengenommen boten diese 15 nuklearen Dampferzeuger 10358 Megawatt elektrischer Brutto-Leistung dar. Nach Abzug des Eigenbedarfs, knapp fünf Prozent, blieben 9850 Megawatt netto. Wegen der geplanten und ungeplanten Stillstände und Lastabsenkungen wurden knapp 70 Prozent der – allerdings nur rechnerisch – möglichen Strommenge (Netto) erzeugt. Dabei war 1982 noch ein besonders gutes Jahr (vgl. Tabelle S. 39).

Ob geplant oder ungeplant, jeder Stillstand und jede Lastabsenkung eines Atomkraftwerks verwirrt die Strategien der Stromversorger. Wenn irgendein Atomkraftwerk plötzlich ausfällt oder in der Leistung heruntergefahren werden muß – so wie Biblis A schon einmal im Jahr 1982 von 1145 auf 100 Megawatt oder Würgassen im selben Jahr auf 40 Prozent seiner Leistung –, müssen Reserven aktiviert werden, die das Versorgungsloch innerhalb von Sekunden und Minuten stopfen.

Die Nothelfer sind vor allem Speicher- und Pumpspeicherkraftwerke, die quasi aus dem Stand anspringen. Da wird nur der Schieber hochgezogen, und schon strömt das Wasser, das die Turbinen antreibt.

Atomkraftwerke sind fürs Löcherstopfen ungeeignet. Es währt zwei bis drei Tage, bis sie auf ihre Leistung kommen, falls sie in Betriebsbereitschaft sind, und es braucht Wochen, bis sie in Betriebsbereitschaft versetzt werden können.

Atomkraftwerke reißen indes öfters Löcher auf. So fielen zum Beispiel die beiden Blöcke Biblis A und B ausgerechnet Anfang November 1983 wegen undichter Rohre und reparaturbedürftiger Generatoren aus. Block A kam am 7. Januar 1984 wieder ans Netz, Block B erst im Februar.

In der finstersten Zeit des Jahres, in der die Verbraucher in Industrie, Gewerbe, öffentlichen Einrichtungen und privaten Haushalten den höchsten Bedarf haben, lagen 2385 Megawatt brach (Biblis A 1145 und B 1240 Megawatt netto). Das waren 23 Prozent der zu dieser Zeit installierten Atomkraftwerksleistung.

Allein im Dezember hätten die beiden Reaktoren 1,77 Milliarden Kilowattstunden elektrischer Energie ins Netz schicken können (2385 Megawatt = 2385000 Kilowatt Leistung × 31 Tage × 24 Stunden).

Der Betreiber von Biblis A und B, die Rheinisch Westfälische Elektrizitätswerk AG (RWE), Essen, verkaufte damals die Kilowattstunde an seine Wiederverkäufer – das sind die regionalen Stromverteiler – für etwa 11 Pfennig. Die RWE hat also im Dezember 1983 gute 195 Millionen Mark Einnahmen eingebüßt, die Biblis A und B hätten bringen sollen. Die beiden Reaktoren kosteten derweil die fixen Belastungen: Personal, Zinsen, Steuern und Reparaturen dazu.

Ein paar andere Beispiele:

- Das KKI 1 Ohu (870 Megawatt) stand von September 1981 bis Oktober 1982 still.
- Das KKW Würgassen (640 Megawatt) wurde im Mai 1982 vom Netz abgeklemmt und 16 Monate lang repariert.
- Das KKB Brunsbüttel (770 Megawatt) kam 1982 nur auf 52 Prozent seiner Leistung. 1983 erreichte es eben 35 Prozent.

In Atomkraftwerke wird, wie in jedes andere Geschäft, Geld investiert, damit es Geld verdient. Was ein nicht funktionierendes Atomkraftwerk an Einnahmeverlusten verursacht, sei hier noch einmal am Beispiel des KKW Würgassen vorgerechnet: Die 640 Megawatt hätten während der 16 Monate Stillstand an die 7,3 Milliarden Kilowattstunden elektrisch erzeugen können, wäre der Reaktor in Betrieb gewesen. Der Betreiber, die Preußische Elektrizitäts-AG, hat darüber um die 800 Millionen Mark Umsatz im Sektor Atomstrom verloren. Was es für die Verbraucher bedeutet, wenn ein Atomreaktor ausfällt, belegt der Fall des KKI 1, das von September 1981 bis Oktober 1982 stillstand. In der Fachzeitschrift ›atomwirtschaft‹ stand darüber zu lesen: »Die Mehrbelastungen (der Isar-Amperwerke in München, die zu 50 Prozent an dem KKI 1 beteiligt sind) erforderten im Berichtsjahr zwei Strompreiserhöhungen.«

Man kann es auch so sagen: In den Vorstandsetagen wird beschlossen, was riskiert werden soll, und die Verbraucher zahlen, wenn etwas daneben geht.

Die Störanfälligkeit von Atomkraftwerken ist vorstehend für das Jahr 1982 belegt worden (vgl. Tabelle auf S. 36). Es war kein schlechtes; in bezug auf die Arbeitsverfügbarkeit der Reaktoren eines der besten. Immerhin standen die damals installierten 10354 Megawatt brutto (9851 Megawatt netto) Leistung zu 70 Prozent zur Verfügung. Das bedeutet, während der 8760 Stunden des Jahres

Tabelle 5: Stromproduktion und Leistungsfähigkeit der Atomkraftwerke in der Bundesrepublik zwischen 1975 und 1983

| Jahr | Anzahl der Atomkraftwerke | elektrische Leistung brutto in Megawatt | erzeugter Strom brutto in Megawattstunden | Arbeit in Prozent |
|---|---|---|---|---|
| 1975 | 10 | 3503 | 21.858.782 | 71,2 |
| 1976 | 10 | 3503 | 20.706.146 | 67,5 |
| 1977 | 13 | 6464 | 35.979.803 | 63,5 |
| 1978 | 14 | 7334 | 35.009.199 | 54,5 |
| 1979 | 14 | 8382 | 40.464.238 | 55,1 |
| 1980 | 14 | 9030 | 43.857.329 | 55,4 |
| 1981 | 14 | 9030 | 53.370.341 | 67,5 |
| 1982 | 15 | 10329 | 63.617.574 | 70,3 |
| 1983 | 16 | 11645 | 65.895.006 | 64,6 |

wurde insgesamt 6132 Stunden Strom produziert. Das ist ein traumhaftes Ergebnis, freilich nur das eines Jahres. Mitunter war die Verfügbarkeit höher, meistens allerdings geringer.

Die Verfügbarkeit seit 1975, als die Stromerzeugung mit nuklearer Energie begann, eine statistisch wahrnehmbare Rolle zu spielen, stellt sich so dar, wie in der Tabelle Seite 39 gezeigt.

Der unvorhergesehene und unvorhersehbare Ausfall von Atomkraftwerken kann ein Versorgungsunternehmen zehn bis zwanzig und mehr Prozent seiner Kapazität kosten. Beispiel Hamburgische Electricitäts-Werke AG (HEW): Sie ist beteiligt an den Atomkraftwerken

- KKS Stade, 662 Megawatt brutto, mit 33,3 Prozent
- KKB Brunsbüttel, 805 Megawatt brutto, mit 66,6 Prozent.
- KKK Krümmel, 1316 Megawatt brutto, mit 50 Prozent.

Den Rest hält jeweils die Nordwestdeutsche Kraftwerke AG (NWK). Auf die HEW entfallen 1414 Megawatt atomarer Leistung. Das sind 40 Prozent der Engpaßleistung (1983/84 waren es 3540 Megawatt), die für die Versorgung der Hansestadt und von ein paar Anrainern in Schleswig-Holstein bereit steht.

Wenn Brunsbüttel (HEW-Anteil 536 Megawatt) ausfällt, büßen die Hamburger Stromversorger gleich 15 Prozent ihrer gesamten Kapazität ein. Und das ist oft genug vorgekommen. Das KKB Brunsbüttel wurde im Juli 1976 in Betrieb genommen und war seither häufiger ab- denn angeschaltet. Bis 1983 kam es wegen der vielen Stillstände – im Jahr 1979 lieferte es keine einzige Kilowattstunde – auf nur 33 Prozent Arbeitsausnutzung.

Schlägt während eines Stillstandes in Brunsbüttel auch noch eine von den elektronischen Kontrollsystemen ausgelöste TUSA oder RESA im KKS Stade (HEW-Anteil 220 Megawatt) oder im KKK Krümmel (HEW-Anteil 658 Megawatt) zu, so fehlen 21 bis 34 Prozent der gesamten Kapazität.

Mit der Möglichkeit solcher Häufung von Störfällen muß jederzeit gerechnet werden. Der Vorsitzende der Vereinigung Deutscher Elektrizitätswerke (VDEW), Gerhard Hecker, beschreibt das Problem so: »Die Stromversorgung muß störungsfrei weitergehen, wenn Anlagen, und zwar getrennt – bezogen auf alle Lastbereiche –, ausfallen würden. Dabei kann nicht unterstellt werden, daß nur ein einziger Störfall auftritt, und es muß jeweils mit einer Störung auch bei den größten Anlagen im jeweiligen Arbeitsbereich gerechnet werden.«

Der größte Teil der deutschen Atomkraftwerke hat Leistungen von je 1200 bis 1360 Megawatt. Kleinere wurden nur in den frühen Jahren der Atomstromwirtschaft gebaut. Sie gelten heute als unwirtschaftlich. Es versteht sich, daß der Betrieb so großer Kraftwerksblöcke extrem hohe Reservehaltung zur Sicherung der Versorgung erfordert. Die Kosten für diese zusätzlichen Reserven verteuern die Stromerzeugung. Eine Versorgung, die sich auf viele kleine und mittlere, nämlich herkömmliche Kraftwerke mit Leistungen von 100 bis 700 Megawatt stützt, kann mit sehr viel geringeren Reserven auskommen, weil das Risiko breiter gestreut wird.

Die Versorgungsstrategen in der HEW-Zentrale haben gut vorgesorgt. Selbst wenn der Strom aus allen drei Atomkraftwerken, an denen die HEW beteiligt ist, gleichzeitig ausfiele, würde ihnen noch mehr als 2100 Megawatt Leistung bleiben. Und damit können die Stromwerker die meiste Zeit des Jahres versorgungssicher schalten und walten. Nur in der Winterspitze könnte es kritisch werden. Dann nämlich kann die Höchstlast für ein paar Stunden rund 2200 Megawatt Leistungsanforderung erreichen.

Die Engpaßleistung der HEW liegt dank des Engagements in Atomkraft um 60 Prozent über der Höchstlast. Dieses Mißverhältnis wird sich verschlimmern. 1987 soll das KBR Brokdorf ans Netz gehen. An dem 1360-Megawatt-Reaktor ist die HEW mit 20 Prozent beteiligt. In die

Planung war sie sogar mit 50 Prozent eingestiegen. Aber mit dem Fortschritt des Werks kamen Zweifel an der Weisheit eines derart starken Engagements in Atomstrom auf, und die HEW überließ zur Jahreswende 1984/85 der Preußenelektra die Mehrheit. Mit ihren Anteilen verkaufte die HEW auch ihre Stromkunden in Schleswig-Holstein.

Das Fachblatt ›Energiewirtschaftliche Tagesfragen‹ notierte in Heft 7/1981, daß sich die HEW »innerhalb von sechs Jahren vom preisgünstigsten zum teuersten EVU entwickelt« habe. Das Hamburger EVU wird sich an der Spitze oder wenigstens in der Spitzengruppe halten können. Der hohe Anteil an Atomkraft spricht dafür.

Der hysterischen Energiepolitik der siebziger Jahre stand die Angst Pate, Mangel an Energie könne den Wohlstand schmälern. Inzwischen schädigen Überkapazitäten zur Erzeugung zu teurer Energie die Volkswirtschaft.

Doch der Bundesverband der Deutschen Industrie (BDI) fordert immer noch alle Jahre mehrmals, daß »im Interesse einer international wettbewerbsfähigen Stromversorgung der deutschen Industrie der Anteil von kostengünstigem Grundlaststrom aus Kernkraftwerken erhöht« werden müsse.

## 6.
## Frankreich und USA – Atomwirtschaft in roten Zahlen

Den Atomstrom-Lobbyisten gilt Frankreich als Vorbild. Mit vorwurfsvollem Timbre in der Stimme sprechen sie davon, daß die Franzosen fast die Hälfte (48 Prozent im Jahr 1984) ihrer elektrischen Energie aus Reaktoren beziehen, während in der Bundesrepublik der Anteil erst 25 Prozent betrage. Ein Erfolg der zentralistischen staatlichen Planung, die von der Electricité de France (EDF), dem konkurrenzlosen Staatskonzern, mit Hilfe des halbstaatlichen Reaktorherstellers Framatome umgesetzt wird. Doch ist das wirklich ein Erfolg?

In Frankreich war mit 8275 Megawatt noch 1979 nur knapp soviel Atomkraft installiert wie zur gleichen Zeit in der Bundesrepublik. Doch dann wurden im Schnitt pro Jahr vier Reaktoren fertiggestellt, und Ende 1984 überstieg die nukleare Kapazität 30000 Megawatt.

Doch die EDF hat sich damit offensichtlich übernommen. Sie machte 1983 rund 1,9 Milliarden Mark Verlust. 1984 war sie bei einem Jahresumsatz von 120 Milliarden Franc (ca 39 Milliarden Mark) mit über 200 Milliarden Franc (über 65 Milliarden Mark) verschuldet. Die mißliche Geschäftslage resultiert aus den falschen Prognosen der staatlichen Planer. Die haben früher einmal ausgerechnet, daß sich der Bedarf an elektrischer Energie in diesem Jahrzehnt verdoppeln und im Jahr 1990 somit 460 Milliarden Kilowattstunden betragen werde. Die Prognose mußte auf wahrscheinlich nur 330 Milliarden, höchstens aber 400 Milliarden Kilowattstunden zurückgenommen werden.

Die Last der Überkapazität treibt die Kosten. Aber Tariferhöhungen kann die EDF der Regierung nur schwer abringen. Die frühere liberale wie die folgende sozialistische Regierung läßt den staatlichen Stromkonzern lieber in roten Zahlen wirtschaften, als mit höheren Strompreisen die sowieso schon hohe Inflationsrate anzuheizen.

Die EDF-Kunden zahlen eh schon genug für den atomwirtschaftlichen Fortschritt. Nach einer Erhebung der Vereinigung Deutscher Elektrizitätswerke (VDEW) auf der Datenbasis von 1982 kostet der Strom für die Haushalte in Frankreich acht Prozent mehr als in der Bundesrepublik.

Auch den Reaktorerbauern von der Framatome geht es nicht mehr gut. Sie schieben einen Auftragsbestand von etwa 20 Reaktoren der 1200-Megawatt-Klasse vor sich her, die nach früherer Planung bis zum Ende des Jahrzehnts ans Netz gehen sollten. Die Baustellen sind vorbereitet, mit dem Bau wurde zum Teil schon begonnen. Aber die EDF wird in Zukunft kaum mehr als einen neuen Reaktor jährlich abnehmen. Die Kapazität der Framatome liegt bei 7000 Megawatt pro Jahr. Das sind fünf große Atomkraftwerke.

In den USA ist die Branche am Ende. Dort sind 1983 noch einmal drei Reaktoren mit zusammen 3200 Megawatt Leistung in Betrieb genommen worden. Damit hat die US-Stromwirtschaft 82 Atomkraftwerke mit insgesamt 64 900 Megawatt elektrisch, die etwa 13 Prozent des Strombedarfs liefern, und mehr werden es in diesem Jahrhundert nicht werden.

Die Stromerzeuger haben seit 1974 keine Atomkraftwerke in Auftrag gegeben, aber mehr als 100 aus ihrem Programm gestrichen. 54 davon stehen zum Teil halb oder nahezu fertig als Neubauruinen herum. Das vor zwei Jahrzehnten im nationalen Energieprogramm gesteckte Ziel, die Hälfte des Strombedarfs im Jahr 2000 mit Atomkraft zu bestreiten, liegt in weiter Ferne.

Der Grund für die Atomkraft-Dämmerung liegt in den immer längeren Bauzeiten und den steil angestiegenen Baukosten. Anfang der siebziger Jahre konnte ein 1200-

Megawatt-Block noch in vier bis sechs Jahren für 350 Millionen Dollar gebaut werden. Inzwischen muß mit zehn bis 14 Jahren Bauzeit und mehr als drei Milliarden Dollar Kosten gerechnet werden.

Das Wirtschaftsmagazin ›Fortune‹ urteilt: »Kein Manager der Elektrizitätswirtschaft, der richtig im Kopf ist, würde jetzt mit dem Neubau eines Atomkraftwerks beginnen.«

Bertram Wolfe, Vizepräsident des US-Konzerns General Electric (Lizenzgeber für die deutschen Siedewasserreaktoren), glaubt angesichts der enormen Baukosten, daß es für Atomkraftwerke »keinen Markt mehr gibt«. Und Irving Bupp, der an der Harvard Business School lehrt, sah Anfang der achtziger Jahre voraus, daß in diesem Jahrhundert in den USA kein Atomkraftwerk neu ans Netz gehen werde. Er kennt Gesellschaften, die »wegen des Atomstroms ihre Tarife bis ums Sechsfache erhöhen mußten«.

Freilich gibt es auch in den USA noch Optimisten. Carl Walske, Präsident des »Atomic Industrial Forum«, führt die Notlage der Branche auf »Anpassung an eine niedrige Wachstumsrate für Strom« zurück, und als Silberstreif am Horizont macht er aus, daß es ja auch wieder aufwärts gehen könne. Eine Gruppe von Wissenschaftlern am Massachusetts Institute of Technology und der Stanford-Universität kommt zu dem plausiblen Schluß, langfristig gesehen, hänge die Zukunft von »Faktoren wie technologischen Fortschritten, Verbesserung des Managements und der Konkurrenzfähigkeit von Atomstrom« ab.

Die deutschen Atomkraftwerker trösten einander, die Notlage der Kollegen jenseits des großen Teiches resultiere aus »Aspekten spezifisch amerikanischen Zuschnitts«, so der Vorstandssprecher der Nordwestdeutschen Kraftwerke AG (NWK), Hermann Krämer, im Oktober 1983 in seinem Grundsatzreferat auf einer Tagung der Lobby, »die jedenfalls bis heute in der Bundesrepublik keinen

Einfluß auf die Verwirklichung von Kernenergie-Projekten hatten und haben«.

Recht hat er. Die Stromerzeuger in den USA sind weit mehr den Fährnissen der freien Marktwirtschaft ausgesetzt als die deutschen. Mehr als drei Viertel sind reine Privatunternehmen, Aktiengesellschaften, deren Aktien frei gehandelt werden und die sich Kapital für Investitionen zum guten Teil durchs Auflegen neuer Aktien beschaffen. Der Rest gehört zum größten Teil den Bundesstaaten und ländlichen Genossenschaften.

Tariferhöhungen müssen die US-Stromgesellschaften, ebenso wie die deutschen, bei den bundesstaatlichen Aufsichtsbehörden beantragen. Die Verhandlungen darüber finden in der Form öffentlicher Anhörungen statt – mit den, wie NWK-Vorstand Krämer rügt, »damit verbundenen Beeinflussungsmöglichkeiten«. Bei uns hingegen werden höhere Tarife klammheimlich in den Chefetagen der Elektrizitätswirtschaft, die zum allergrößten Teil in Bundes-, Länder- und Kommunalbesitz ist, und der Ministerialbürokratie ausgehandelt. Die Öffentlichkeit, die Stromkundschaft, hat das Recht, die Ergebnisse zu erfahren – mehr nicht.

Und noch ein sehr wesentlicher Unterschied: Erst wenn ein neues Kraftwerk den ersten Strom ins Netz speist, können die Elektrizitätsgesellschaften in den USA die Aufsichtsbehörden um die Genehmigung von Tariferhöhungen angehen. Die deutschen Stromkonzerne hingegen können schon im Hinblick auf zukünftige Investitionen höhere Tarife durchsetzen, wenn sie nur hinreichend begründen, daß die »Sicherung der Versorgung« die »Anhebung« oder »Anpassung« notwendig mache. Das Zauberwort, die »Sesam-Öffne-Dich«-Parole lautet: »öffentliches Interesse«.

In den Aufsichtsräten und Vorständen der Elektrizitätswirtschaft findet sich gewiß niemand, der nicht mit beiden Füßen auf dem Boden der freien Marktwirtschaft steht – wenn es darum geht, eine Sonntags- oder Grundsatzrede zu halten. Aber alle sind recht froh, daß ihnen der rauhe Wind der Freiheit nicht in ihre marktwirtschaftliche Nische bläst.

## 7. Bundesrepublik Deutschland – die Macht der Fakten aus Beton und Stahl

Gegen den Bau von Atomkraftwerken wurden seit den siebziger Jahren an die 150 Klagen angestrengt: von Bürgern und Bürgerinitiativen, auch von Kommunen. Die Kläger haben kaum mehr Chancen als die, sich einige zehn- oder gar hunderttausend Mark Prozeßkosten einzuhandeln, wie der Bauer Josef Maas, der seit 1973 gegen den Schnellen Brüter SNR-300 Kalkar vor seiner Hoftür vor Gericht zieht. Von den ehemals einigen Tausend Bürgern, die gegen den Brüter Einspruch erhoben haben, ist Maas der einzige, der noch nicht aufgegeben hat.

Er und sein Anwalt Siegfried de Witt versuchen immer wieder nachzuweisen, daß bei den Teilgenehmigungen in grober Weise gegen Verfahrensregeln verstoßen wurde und der Reaktor, erst einmal in Betrieb, schwere Sicherheitsmängel haben werde. Aber bis Ende 1984 war nicht einmal über die Berufung entschieden, die Maas beim Oberverwaltungsgericht Münster gegen das abschlägige Urteil über seine erste Klage im Jahr 1973 eingelegt hat.

In den Schnellen Brüter wurden seither um die sieben Millionen hineingesteckt. So werden Fakten aus Beton und Stahl geschaffen. Welcher Richter will, wenn der Reaktor nach vielmals geändertem Plan 1987 endlich fertig wird, dann noch die Inbetriebnahme verbieten? Schließlich stammen die Millionen für den Bau größtenteils aus der Steuerkasse.

Atomgegner, die vor Gericht ziehen, gehen das Risiko ein, sich finanziell zu ruinieren. Ein Rentnerehepaar in Niedersachsen hat sich 34000 Mark Anwalts- und Gerichtskosten aufgeladen. Die beiden leben seither von dem Rest ihrer Rente, der ihnen als unpfändbar verbleibt. Eine Studentin in Hamburg wurde wegen 6000 Mark, die sie den gegnerischen Anwälten schuldet, in Erzwingungshaft genommen, damit sie den Offenbarungseid leiste; ebenso ein Student in Lahnstein, der an die Anwälte der Gegenseite rund 2300 Mark zahlen sollte.

Es scheint, als legten die Richter es mitunter in ihren Entscheidungen darauf an, abschreckend zu wirken. Beim Verwaltungsgericht in Koblenz klagten 151 Atomkraftgegner gegen den Bau des Reaktors Mülheim-Kärlich ein. Ihre Sammelklage wurde in Einzelklagen gesplittert und der Streitwert auf je 100000 Mark festgesetzt. Bis dahin waren in atomrechtlichen Verfahren Streitwerte von 10000 bis 20000 Mark die Norm. Böse mitgespielt wurde einem Vater in Schleswig-Holstein. Er klagte auch im Namen seiner sieben Kinder. Das Gericht erlegte ihm achtfache Gebühren auf.

Die Richter erkennen durchweg, daß dem öffentlichen Interesse an gesicherter Stromversorgung Vorrang gebühre. Selten machen sie sich die Mühe zu prüfen, ob der Bau von Atomkraftwerken tatsächlich der rechte Weg zur sicheren Versorgung sei. In aller Regel glauben sie kritiklos, und ohne eigenen Sachverstand zu entwickeln, was die Gutachter der Atomstrom-Lobby an Bedarf für die Zukunft hochrechnen, als ob für bare Münze zu nehmen sei, was in bestellten Expertisen zu lesen steht. Und damit die angeblichen öffentlichen Interessen gewahrt werden, wird den Kraftwerkbauern häufig auch nachgesehen, wenn sie nicht allzu pingelig mit den im Atomgesetz vorgeschriebenen Genehmigungsverfahren umspringen. Da wird schon mal was gebaut, was in der Baugenehmigung so nicht bewilligt wurde, ohne daß die Verwaltungsrichter einem Kläger, der dagegen auftritt, gleich Recht geben.

Beispiel Mülheim-Kärlich: Da wurde eine Klage gegen eine Teilgenehmigung für den Bau des Reaktors erst vom Koblenzer Verwaltungsgericht kostenpflichtig abgewiesen, dann aber die angefochtene Teilgenehmigung aufgehoben, weil konstruktive Mängel Änderungen erforderten. An dem Kostenbescheid änderte das nichts. Verwaltungsrichter-Kernsprüche lauten:

- »Die Energieversorgung ist ein Gemeinschaftsgut höchsten Ranges. Es entspricht dem Ziel des Energiewirtschaftsgesetzes, die Stromversorgung so billig wie möglich zu gestalten.« (Verwaltungsgericht Würzburg zur Klage der Stadt Schweinfurt gegen das KKG Grafenrheinfeld im Juli 1981)
- »Öffentliches Interesse besteht wegen der überragenden Bedeutung der Stromversorgung.« (Verwaltungsgericht Koblenz in einem Urteil zum Bau des Atomkraftwerks Mülheim-Kärlich)

Kaum ein Urteil, in dem nicht auf das angebliche öffentliche Interesse verwiesen wird, als seien die Interessen der Stromkonzerne die des Staates und der Allgemeinheit. Es sind schon Sternstunden der Verwaltungsgerichtspraxis in Sachen Atomkraft, wenn so verhandelt wird wie im Januar 1984 in Regensburg. Da nämlich haben sich die Richter informiert, bevor sie ihr Urteil fanden.

Es begann im August 1982. Damals wurde der erste Spatenstich getan, und das Werk schritt zügig fort. Bis Mitte Januar 1984 wurden auf der 40 Hektar großen Baustelle des Atomkraftwerks KKI 2 Ohu bei Landshut an der Isar, 75 Kilometer von München flußabwärts, 300000 Kubikmeter Erde ausgehoben, 85000 Tonnen Beton und 20000 Tonnen Stahl verbaut, 1,2 Milliarden Mark investiert, damit der Atommeiler 1988 mit 100 Tonnen angereichertem Uran bestückt und auf seine Leistung von 1370 Megawatt elektrisch hochgefahren werden könne.

Doch dann ließ Franziska Beck, 45 Jahre, die ein paar Kilometer vor dem Stacheldrahtzaun des Bauplatzes auf ihrem Hof je zehn Kühe und Schweine, dazu 15 Hühner füttert, auch Ortsbäuerin des Bayerischen Bauernverbandes und Berufsschullehrerin ist, den Bau per Gerichtsbeschluß stoppen.

Sie befürchtet für sich und ihr Viehzeug steigende Belastung durch radioaktive Strahlung, wenn das KKI 2 in

Betrieb gehen würde. Es steht Zaun an Zaun zum KKI 1, 907 Megawatt und seit 1979 am Netz, das schon einmal in der Testphase radioaktiven Dampf abgelassen hat und seither den Strahlungspegel in der Nachbarschaft über dem naturgegebenen Niveau hält. Und wiederum daran grenzt der Standort der Atomstrom-Ruine KKN Niederaichbach. Die auf 100 Megawatt Leistung ausgelegte nukleare Stromfabrik wurde 1974 nach zweieinhalb Jahren Probelauf mit vielen Pannen für immer abgeschaltet und ist bis heute ein radioaktiver Problemfall.

Den Sponti-Spruch im Sinn »Wenn die Milch nach Krypton schmeckt, hat's im KKW geleckt«, sorgte sich Franziska Beck darum, privatwirtschaftlichen Abschwung zu erleiden: »Wer kauft schon Milch aus solcher Nachbarschaft?«

Sie klagte und bekam Recht. Das Verwaltungsgericht Regensburg erkannte, daß ihre mächtigen Gegner – der Freistaat Bayern, dessen Staatsminister Alfred Dick den Bau genehmigt hatte, und die fünf Stromlieferanten (Bayernwerk AG, Isar-Amperwerke AG, Ostbayerische Elektrizitätsversorgungs AG und die Stadtwerke München), die das Kernkraftwerk betreiben wollen – lax und locker ans Werk gegangen waren.

Nach der ersten Teilgenehmigung, mit der im Sommer 1982 grünes Licht für den ersten Spatenstich gegeben worden war, hatten die Genehmiger und Betreiber in spe »unter Verletzung der Vorschriften über eine Öffentlichkeitsbeteiligung« (Richterspruch) im Sommer 1983 eine Änderungsgenehmigung nachgeschoben. Sie erlaubte 25 Abweichungen von den ursprünglichen, der Öffentlichkeit vorgelegten Plänen, so auch die Einsparung zweier kostspieliger, sicherheitstechnischer Vorrichtungen.

Grund genug für die Richter der 5. Kammer des Regensburger Verwaltungsgerichts, das lapidare Urteil zu fällen: »Der Genehmigungsbescheid ist rechtswidrig.« Das 1,2-Milliarden-Rohbauwerk war damit als Schwarzbau klassifiziert, wie es jeder heimlich hinter Buchen und

Fichten im Dickicht hochgezogene, als Jagdhütte getarnte Ferien-Bungalow eines Waldbesitzers nach dem Bundesbaugesetz ist.

Was die Regensburger Verwaltungrichter aus den Akten herauslasen, ermutigte den Landshuter CSU-Oberbürgermeister Josef Deimer dazu, den Münchner Genehmigungsbehörden und den Stromversorgern »Übermut« anzukreiden, der sie darauf bauen lasse, daß sie auf dem langen Marsch durch die Instanzen der Verwaltungsgerichtsbarkeit doch zu ihrem Ziel kommen. Die sonst eher liberale ›Süddeutsche Zeitung‹ berichtete über »teilweise haarsträubende Verletzungen von Verfahrensvorschriften«.

Die Richter in Regensburg formulierten harsche Sprüche über die Genehmigungspraxis im Fall KKI 2. Sie schlossen aus »mehreren hundert Unterlagen«, daß die Genehmigungsbehörde (das Bayerische Staatsministerium für Umweltfragen) den »Inhalt des Genehmigungsbescheids . . . nicht überblickt« habe, und rügten:

- »Man weiß nicht, welche Unterlagen tatsächlich ›geprüft und gebilligt‹ wurden und damit rechtsverbindlich den Umfang der Genehmigung bestimmen. Aus den Plänen geht der Genehmigungsumfang auch nicht hervor. Sie enthalten keinen Genehmigungsvermerk (Stempel oder Unterschrift) und fast ausnahmslos auch keinen Prüfvermerk des amtlichen Sachverständigen (TÜV), so daß nicht einmal erkennbar ist, ob sie Gegenstand der amtlichen Begutachtung waren.«
- Beim Änderungsbescheid gehe »aus den Plänen zwar hervor, daß sie teilweise mit den ursprünglichen Plänen nicht mehr übereinstimmen. Ausmaß und Bedeutung der Änderungen können aber auch bei sorgfältigster Überprüfung . . . nicht ermittelt werden, abgesehen davon, daß auch diese keinen Genehmigungs- und Prüfvermerk enthalten.«

Klar erkennbar war indes, daß zwei Sicherheitsmaßnahmen per Änderungsbescheid aus den Plänen getilgt waren: Die Ausschlagsicherungen an den Hauptkühlmittelleitungen und die Abschirmwände vor den Druckspeichern. Die Ausschlagsicherungen sollen die Folgen eines totalen Bruchs einer Hauptkühlmittelleitung (2-F-Bruch in der Fachsprache) begrenzen, bei dem eine Druckwelle in den Reaktorbehälter schlagen und die Brennelemente beschädigen kann.

Das Verwaltungsgericht: »Dieser sogenannte 2-F-Bruch wird nach Wegfall der Ausschlagsicherung nicht mehr beherrscht. Durch den Wegfall der Abschirmwände ergeben sich nach dem Gutachten des TÜV zur Änderungsgenehmigung eventuell andere Verhältnisse in bezug auf den Schutz der Druckspeicher gegen Strahlkräfte und schlagende Leitungen . . .«

Die Kraftwerkbauer beriefen sich auf die »Basissicherheit«, die durch Materialqualität, Fertigungs- und Prüfmethoden gegeben sei und einen 2-F-Bruch »praktisch unmöglich« mache. Aber die Richter befanden, die »sogenannte Basissicherheit« sei kein Ersatz für die eingesparten Sicherheitseinrichtungen. Denn, so hatten sie aus dem Wust von Papieren herausgelesen: »Am verwendeten Werkstoff, an den Fertigungs- und Überprüfungsmethoden und an den Kontrolluntersuchungen hat sich gegenüber der Erstgenehmigung nichts geändert.« Es werde lediglich die »Eintrittswahrscheinlichkeit eines 2-F-Bruchs nachträglich anders beurteilt«.

Im nächsten Zug reklamierten die so arg gezausten Genehmiger und Betreiber öffentliches Interesse an gesicherter und billiger Versorgung. Sie wollten, damit keine »Stromlücke« entstehe, weiter bauen dürfen und boten an, für den Fall ihres Mißerfolgs auf dem langen Marsch durch die Instanzen der Verwaltungsgerichtsbarkeit vorzusehen, daß Ausschlagsicherungen und Abschirmwände doch noch eingebaut werden können.

Aber die Richter bleiben hart. Am »Sofortvollzug der nach allem rechtswidrigen Teilgenehmigung« könne es kein öffentliches Interesse geben. Die Berechnung der

Stromlücke Ende der achtziger Jahre gehe von der zu hohen »Prognose einer jährlichen Stromverbrauchszuwachsrate von 4,2 Prozent« aus. Die Fachleute der Bayernwerk AG ließen sich von den 4,2 Prozent herunterhandeln und brachten vor, es würden aber gewiß 3,7 Prozent werden. Doch die Verwaltungsrichter beharrten auf nur 2,9 Prozent Zuwachs, wie das Deutsche Institut für Wirtschaftsforschung (DWI) im Auftrag des Bayerischen Staatsministers für Wirtschaft, Anton Jaumann, Mitglied des Aufsichtsrates der Bayernwerk AG, erst 1983 ausgerechnet habe. Dafür aber, so mußten sich die Stromversorger belehren lassen, reichen die vorhandenen bayerischen Kapazitäten aus.

Schließlich rührten die Richter auch an das Dogma der billigen Kernkraft. Beim Vergleich der Kosten müsse eine »möglichst vollständige Erfassung aller Kostenfaktoren (Investitionskosten, Zinssatz, Verfügbarkeit und Lebensdauer der Anlage, Entsorgungskosten usw.) angestrebt werden«. Indes: »Alle bekannten Studien, die einen Kostenvorteil von Atomstrom errechnen, erfüllen diese Voraussetzungen nicht.«

Der »allenfalls noch geringe Kostenvorsprung« wird nach dem Urteil der Regensburger Verwaltungsrichter mehr als aufgewogen durch die Kosten, die Überkapazitäten verursachen, und »gerade durch den Bau des KKI 2 wird Ende der achtziger Jahre eine Überkapazität geschaffen, die sich ungünstig auf die Kostenstruktur auswirkt«.

Franziska Becks Anwalt Siegfried de Witt, der seine Erfahrungen in Prozessen gegen den Bau des Kernkraftwerkes Wyhl im Freiburger Land und gegen den Schnellen Brüter Kalkar am Niederrhein gesammelt hat: »So gründlich hat sich noch kein Gericht mit den Problemen befaßt.«

Die IG Bau, Steine und Erden ließ in der Landshuter Altstadt an die 1000 Bauarbeiter für ihre Arbeitsplätze demonstrieren. Eine Demonstration in dem Dörfchen

Grießenbach bei Franziska Beck vor dem Hof untersagte ein Gericht. Die Bäuerin bekam Drohanrufe und Polizeischutz. Über Wochen wurden Haus und Hof nachts von einer Funkstreife bewacht. Bayerns Ministerpräsident, Franz Josef Strauß, zieh die Regensburger Richter der »Sabotage am Aufschwung«.

Gegen das Urteil der Regensburger »Provinzrichter« (so urteilscheltende Kommentare) legten der Freistaat und die Bayernwerk AG Berufung beim Bayerischen Verwaltungsgerichtshof in München ein. Die Richter in Bayerns Hauptstadt kamen, gemessen an der gängigen Verwaltungsgerichtspraxis, erstaunlich rasch, innerhalb von sechs Wochen zu der Erkenntnis, die Genehmigung für den Reaktorbau sei entgegen dem, was die Regensburger Kollegen aus den Akten herausgelesen hatten, »widerspruchsfrei und eindeutig«. Sie konnten keine »durchgreifenden und entscheidenden Mängel« finden. Die Akten seien in Ordnung, was in der Verhandlung auch von dem zuständigen Beamten des Umweltministeriums versichert wurde.

Im übrigen, so stellten die Münchener Richter klar, »sprechen dringende öffentliche Interessen an der Sicherstellung der bayerischen Stromversorgung zum Ende des Jahrzehnts für den sofortigen Weiterbau«. Sie fanden auch die »vorgelegten Strombedarfsprognosen plausibel«. Sie basierten auf jenen 3,7 Prozent, auf die sich die Kraftwerksbauer in Regensburg hatten herunterhandeln lassen. In die Münchener Verhandlung wurde dieser Prozentsatz mit Beistand aus dem Bayerischen Staatsministerium für Wirtschaft eingeführt.

Schließlich erkannten die Münchener Verwaltungsrichter auch: »Darüber hinaus ist vom Gericht die Befugnis des Staates zu respektieren, in seiner Prognose wirtschaftspolitische Leitentscheidungen über angestrebte Entwicklungen einfließen zu lassen.« Im Klartext: Der Staat entscheidet, wieviel Strom die Bürger brauchen, und die haben sich danach zu richten.

In Bayern ist das nicht allzu schwer so einzurichten:

- Der Freistaat ist der Mehrheitsaktionär der Bayernwerk AG, dem größten Stromerzeuger südlich des Mains und federführend für den Bau des KKI 2 Ohu.
- Der Umweltminister des Freistaates genehmigt ein Atomkraftwerk des staatlichen Stromproduzenten.
- Der Wirtschaftsminister und Aufsichtsrat der Bayernwerk AG versichert, daß das Atomkraftwerk unbedingt gebaut werden muß.

Bei so viel »öffentlichem Interesse« hatte Franziska Beck keine Chance. Die Richter des Münchener Verwaltungsgerichtshofes hoben den Baustopp auf, warnten freilich die Bayernwerk AG und Konsorten, daß sie auf »eigenes Risiko« weiterbauen. Denn im Hauptsacheverfahren, das irgendwann – wenn die Bäuerin solange durchhält – zum Ende des Jahrzehnts zu erwarten ist, kann das Urteil der Regensburger Provinzrichter aus dem Januar 1984 durchaus noch bestätigt werden.

Doch die Chancen sind gering. Das KKI 2 Ohu wird längst am Netz hängen – geplante Inbetriebnahme 1988 – und Strom liefern, der eigentlich nicht gebraucht wird, während die Mühlen der Justiz noch gemächlich mahlen. Den langen, mühsamen Marsch durch die Instanzen finanziert der Franziska Beck eine Landshuter Bürgerinitiative. Wenn die zerfällt und nicht mehr zahlt, hat der Freistaat Handlungsfreiheit, die kein Gericht mehr einschränken kann.

Und so wird es wohl auch kommen. Das Zusammenspiel zwischen Justiz, Staat und Stromkonzernen funktioniert – jedenfalls in Bayern. Schon in der Woche vor der Verhandlung am Münchener Verwaltungsgerichtshof saßen in den Dorfkneipen rund um die Baustelle des KKI 2 im Januar 1984 wegen des Baustopps entlassene Arbeiter mit neuen Verträgen in den Taschen beim Bier. Der Richterspruch wurde an einem Freitagmorgen (30. März 1984) verkündet. Am Montag in der Früh darauf (2. April 1984) war auf der Reaktorbaustelle wieder voller Betrieb.

Bayerns Staatsminister für Umweltfragen, Alfred Dick, teilte noch an jenem Freitagmorgen der Urteilsverkündung in einer eilig zusammengerufenen, aber mit Informationsmappen wohl vorbereiteten Pressekonferenz mit, er empfinde über den Richterspruch »Genugtuung«. Die Manager der Bayernwerk AG verlautbarten »Freude«. Viel Jubelstimmung, weil die Mächtigen jemanden, der eigentlich ohnmächtig ist, abgeschmettert haben.

Doch wie immer der Anlauf der niederbayerischen Bauersfrau ausgeht, dem Freistaat und seinem wichtigsten Stromerzeuger ins Atomkraft-Bauhandwerk zu pfuschen, das Regensburger Urteil hat neue Maßstäbe gesetzt. Denn damit wurden erstmals Argumente gerichtsnotorisch, mit denen Atomgegner in jüngster Zeit bevorzugt ins Feld ziehen. Nicht mehr GAU und radioaktive Verseuchung, Strahlenkrebs und Mißgeburten zukünftiger Generationen stehen im Vordergrund, sondern der Bundesbürger liebste Frage heißt: »Ist das auch wirtschaftlich?« Oder im Ingenieurs-Deutsch: »Rechnet sich das?«

# 8.
# Inflationsrekorde bei den Baukosten

Es rechnet sich längst nicht mehr. Atomstrom wird unaufhaltsam teurer anstatt billiger oder wenigstens den Preis zu halten. Der Grund sind die enormen Baukosten der Reaktoren.

Biblis A, seinerzeit mit 1204 Megawatt das größte Atomkraftwerk der Welt, 1974 nur fünf Jahre nach Erteilung des Auftrags für 700 Millionen Mark ans Netz geschlossen, liefert laut Betreiber RWE Strom für drei Pfennig je Kilowattstunde. Kernkraftwerke, die heute in Betrieb gehen, kommen auf 17 Pfennig Gestehungskosten – mehr als 400 Prozent Teuerung in einem Jahrzehnt.

So billig wie früher einmal der Atomstrom ist heute nur noch der aus Braunkohle. Die RWE-Braunkohle-Kraftwerke im Hambacher Forst bei Köln produzieren die Kilowattstunde für zwei bis drei Pfennig, und wenn die Auflagen zur Teilentschwefelung nach der neuen Großfeuerungsanlagenverordnung erfüllt werden, die es weniger sauer auf den deutschen Wald regnen lassen soll, werden es immer noch nur fünf bis sechs Pfennig sein. Je Megawatt Leistung wurden in den sechziger Jahren für Atomreaktoren 600 000 Mark Baukosten veranschlagt. Daraus wurde bald eine runde Million. Inzwischen steht der Preis auf fünf bis sechs Millionen Mark je Megawatt Leistung.

So stiegen und steigen die Baukosten:

- Das KKK Krümmel (1316 Megawatt) sollte, als 1972 der Auftrag erteilt wurde, 1,7 Milliarden Mark kosten. Ende März 1984 wurde es für 3,6 Milliarden Mark in Betrieb genommen.
- Das KKI 1 Ohu (907 Megawatt) wurde 1977 für 1023 Millionen Mark von der Kraftwerkunion an die Bayernwerke übergeben. Im selben Jahr wurde dane-

ben das KKI 2 (1370 Megawatt) für 2,7 Milliarden Mark geplant. Wenn es 1988 termingerecht ans Netz geht, wird es mindestens sechs Milliarden Mark gekostet haben.

- Das Atomkraftwerk Mülheim-Kärlich bei Koblenz (1308 Megawatt) wurde 1973 für rund eine Milliarde Mark bei der Reaktorbaufirma der BBC in Auftrag gegeben. Wenn es 1986 endlich in Betrieb geht, wird es wohl neunmal mehr kosten. Der ›Effekten-Spiegel‹ des Börsenfachmanns Bolko Hoffmann berichtete: »1982 veranschlagte die BBC schon 3,9 Milliarden Mark, nach aktuellem Stand werden stolze 5,6 Milliarden Mark verbaut. Bis 1986 laufen dazu noch Bauzinsen von 3,1 Milliarden Mark auf. Mit dem Erstkern für das Kraftwerk (0,4 Milliarden Mark) summieren sich die Kosten dann immerhin auf die Rekordhöhe von 9,1 Milliarden Mark.« Bolko Hoffmann rät den Beziehern seines Informationsdienstes wegen der zu erwartenden Verluste, BBC-Aktien abzustoßen.
- Das KKB Brunsbüttel (805 Megawatt) wurde 1976 nach sieben Jahren Bauzeit für 1,1 Milliarden Mark ans Netz geschlossen. Es kostete dann weitere 450 Millionen Mark fürs Nachrüsten, damit es einigermaßen in Gang kam.
- Der Schnelle Brüter SNR-300 Kalkar (327 Megawatt) wurde 1972 für eine Milliarde Mark geplant, damit er schon sechs Jahre später Strom liefere. Bei Baubeginn sollte er zwei Milliarden Mark kosten. Im September 1982 stand die Rechnung auf 6,5 Milliarden Mark. Wenn der Brüter 1987 wirklich so weit gediehen ist, daß er Strom liefern kann, werden wahrscheinlich neun Milliarden Mark verbaut worden sein.
- Der THTR-300 Uentrop (308 Megawatt) wurde 1970 auf 700 Millionen Mark kalkuliert. Als er 1984 endlich die ersten Probeläufe absolvieren konnte, waren daraus 3,7 Milliarden Mark geworden.

In der Zeit des frisch-fröhlichen Aufbruchs ins Atomzeitalter hatten die Kraftwerksbauer keine rechten Vorstellungen von den technischen Problemen. Sie gingen ans Werk, als gelte es nur, das Kohlefeuer durch Uranbrennstäbe zu ersetzen. Aber die Probleme häuften sich, und mit jedem Stör- und Unfall wurden neue offenbar.

Für Biblis A (seit 1974 in Betrieb) wurden eine Million Ingenieurstunden abgerechnet. Bei dem sieben Jahre später fertiggestellten KKG Grafenrheinfeld waren es 3,85 Millionen Ingenieurstunden.

Insider, wie der vom Atom-Saulus zum alternativen Paulus gewandelte Klaus Traube, erklären die niedrigen Baukosten der Pionierzeit mit dem harten Wettbewerb, der herrschte, als noch mehrere Anbieter auf dem Markt waren. Traube: »Tatsächlich hat das Kernkraftwerk A in Biblis bei weitem höhere Baukosten verursacht, als sein Besitzer und Betreiber (RWE) dafür bezahlt hatte. Sowohl der Kraftwerkslieferant (KWU, damals noch je zur Hälfte AEG und Siemens) als auch dessen Zulieferer erlitten enorme Verluste.«

Als sich der Markt konsolidierte und die KWU sich als einziger Anbieter durchgesetzt hatte, konnten endlich die Rechnungen nach realen Kosten geschrieben werden. Und gewiß wurden und werden immer noch dabei Verluste der Vergangenheit ausgeglichen. Sicherheit wurde anfangs vorwiegend als Betriebssicherheit verstanden, die gewährleistet, daß ein Kernkraftwerk möglichst pausenlos Strom liefere. Bald aber inflationierten auch wachsende Anforderungen an die Sicherheit der Bevölkerung die Baukosten.

Ein kluger Kopf hat schon 1962 in dem Fachmagazin ›atomwirtschaft‹ vermerkt: »Um zu wirtschaftlichen Kernkraftanlagen zu kommen, ist es notwendig, die sicherheitstechnischen Anforderungen so niedrig wie möglich zu halten.« Und Dr. Peter Engelmann, Vorstandsmitglied der Kernforschungsanlage Jülich, philosophierte zwanzig Jahre später angesichts der rapide steigenden Preise vor Presseleuten: »Treibt man die Sicherheit von

Reaktoren bis in die Nähe der absoluten Sicherheit – wie das heute manchmal gefordert wird, ohne daß die Leute wissen, was absolute Sicherheit bedeutet, daß so etwas nie machbar ist – oder sagt man, bis dahin zu gehen ist wirtschaftlich sinnvoll?«

Die Tendenz läuft offenbar darauf hinaus, dem »wirtschaftlich Sinnvollen« den Vorrang zu geben. Vor einigen Jahren wurden sogenannte Ausschlagsicherungen an den Hauptkühlmittelleitungen zum sicherheitstechnischen Standard. Sie sollen die Folgen eines totalen Bruchs einer solchen Leitung begrenzen, bei dem eine Druckwelle in den Reaktorbehälter schlagen und die Brennelemente beschädigen kann. Im schlimmsten Fall könnte sich ein derartiger Störfall bis zur Kernschmelze auswachsen. Aber dann gab die Reaktorsicherheitskommission die »Baulinie 80« frei, mit der die Kraftwerk Union AG (KWU) im »Konvoi« Reaktoren von der Stange bauen will. Und seither kann auf die Ausschlagsicherung verzichtet werden.

Die Inflation der Reaktorbaukosten ist freilich mit so marginalen Sparmaßnahmen kaum zu stoppen. Und an billigen Atomstrom glaubt im Ernst kein Insider mehr. Der Banker Rudolf Diel wußte im Herbst 1983: »Die reinen Stromerzeugungskosten künftiger Kernkraftwerke liegen mit 16,77 Pfennig je Kilowattstunde um zirka 50 Prozent über den von den EVU durchschnittlich erzielten elf Pfennig.« Diel ist ein gewiß gut informierter Mann. Er sitzt im Aufsichtsrat der Dresdner Bank, derem Vorstand der frühere Bundeswirtschaftsminister, Hans Friderichs, vorsitzt, der wiederum einen Sessel im Aufsichtsrat der Rheinisch-Westfälischen Elektrizitätswerk AG (RWE) hat.

Die Betrachtung, daß Strom für rund 17 Pfennig erzeugt, aber für elf Pfennig verkauft werden muß, trifft für fünf in jüngster Zeit fertiggestellte Atomkraftwerke zu. Es sind das

- KKK Krümmel (1316 Megawatt), Hamburgische Electricitäts-Werke AG (HEW) und Nordwestdeutsche Kraftwerke AG (NWK) je 50 Prozent

- KRB-B und -C Grundremmingen (je 1310 Megawatt), Rheinisch-Westfälisches Elektrizitätswerk AG (RWE) 75 Prozent und Bayernwerk AG 25 Prozent
- KWG Grohnde (1361 Megawatt), Preußische Elektrizitäts-AG (Preußenelektra)
- KKP-2 Philippsburg (1349 Megawatt), Badenwerk AG und Energie-Versorgung Schwaben AG (EVS) je 50 Prozent.

Das macht zusammen 6646 Megawatt Leistung, mit der Strom produziert wird, der in der Herstellung je Kilowattstunde 17 Pfennig kostet, aber – falls nicht mittlerweile »Anpassungen« vorgenommen werden konnten – für nur elf Pfennig verkauft wird.

Bei 65 Prozent Arbeitsausnutzung (Betrieb mit Vollast während knapp 5900 der 8760 Stunden des Jahres) liefern die fünf Atommeiler jährlich rund 36 Milliarden Kilowattstunden für 6,1 Milliarden Mark Gestehungskosten, die aber nur 3,9 Milliarden Mark Erlös bringen. Die Betreiber müssen also mehr als zwei Milliarden Mark aus ihren anderen, vor allem aus Braun- und Steinkohlekraftwerken herauswirtschaften, damit sie sich den teueren Atomstrom leisten können.

Bis zum Ende des Jahrzehnts sollen noch folgende Atomkraftwerke, die zur Zeit im Bau sind, ans Netz gehen:

- 1986 KKW Mülheim-Kärlich (1303 Megawatt), Rheinisch-Westfälisches Elektrizitätswerk AG
- 1987 KBR Brokdorf (1360 Megawatt), Nordwestdeutsche Kraftwerke AG 80 Prozent und Hamburgische Electricitätswerke AG 20 Prozent
- 1990 GKN-2 Neckarwestheim (1314 Megawatt), Deutsche Bundesbahn, Energie-Versorgung Schwaben AG, Neckarwerke Elektrizitätsversorgungs-AG, Technische Werke der Stadt Stuttgart AG, Zementwerk Lauffen – Elektrizitätswerk Heilbronn AG

- 1988 KKI-2 Ohu (1370 Megawatt), Bayernwerk AG 40 Prozent, Münchener Stadtwerke und Isar-Amperwerke AG je 25 Prozent, Ostbayerische Elektrizitätsversorgungs AG zehn Prozent
- 1988 KKE Emsland (1301 Megawatt), Vereinigte Elektrizitätswerke Westfalen AG (VEW).

Der teuere Strom aus diesen fünf Atomkraftwerken mit zusammen 6653 Megawatt wird die Mischkalkulation weiter unter Druck setzen. Beim THTR-300 Uentrop und SNR-300 Kalkar geraten die Gestehungskosten des Stroms ins Astronomische. Je Megawatt Leistung werden für Siede- und Druckwasserreaktoren nach aktuellem Stand fünf bis sechs Millionen Mark investiert. Die beiden »fortgeschrittenen Reaktortypen« kommen auf zwölf und 27 Millionen Mark je Megawatt.

Die Investitionskosten der Reaktoren schlagen sich im Preis für den Atomstrom mit etwa zwei Drittel nieder. Von den 17 Pfennig, die die Kilowattstunde Atomstrom gegenwärtig (1985) kostet, entfallen also elf Pfennig auf die Investition. Der Rest wird für Betrieb, Reparatur und Uran-Brennstoff verbucht. Die doppelt bis fast fünffach höheren Investitionen je Megawatt Leistung der Prototypen THTR-300 und SNR-300 lassen abschätzen, daß der in diesen Reaktoren gewonnene Strom 22 und 50 Pfennig je Kilowattstunde kosten wird.

Nun könnte man ja einwenden, Prototypen seien eben teurer als spätere Serienprodukte. Aber dagegen spricht, daß in der Atomwirtschaft noch nie der Effekt der billigmachenden Serienproduktion erzielt werden konnte.

In ihren regelmäßigen Verlautbarungen zur Stromversorgungslage der Nation teilen die Manager der EVU gleichwohl unverdrossen mit, nur weiterer Ausbau der atomaren Kapazitäten könne die Tarife stabil halten oder zum wenigsten deren Steigerungen dämpfen. Fossile Kraftwerke, so die Argumentation, würden Strom erheblich teurer erzeugen.

Kanzler Helmut Kohl spricht in einer Regierungserklärung gern auch mal das Machtwort, daß »wir auf die umweltfreundliche Kernenergie nicht verzichten« können und die »zukunftsweisenden Reaktortechnologien zum Erfolg führen« werden. Er ist sich darin einig mit seinem Vorgänger Helmut Schmidt, der 1978 im Parteivorstand der SPD orakelt hat: »Im Jahr 2010 werden wir kein Öl mehr haben. Dann werden alle Autos mit Batterien fahren. Dazu brauchen wir Kernkraftwerke, damit wir die Batterien aus der Steckdose aufladen können.«

In der ersten Hälfte der achtziger Jahre sind wenigstens zehn Studien erschienen, in denen Kostenvorteile der Atomkraft gegenüber Steinkohle bis zu zehn Pfennig je Kilowattstunde elektrisch errechnet wurden. Für die jeweils billigere Atomkraft wurden 8,2 bis 23,2 Pfennig und für die stets teurere Steinkohle 17 bis 33,1 Pfennig veranschlagt. Die Atomkraftmenschen haben alle Datenbanken voll zu tun, um immer wieder zu beweisen, daß die elektrische Energie aus Kernspaltung billiger sei als die, die aus fossilen Brennstoffen gewonnen wird. Im internationalen Vergleich (alle Daten nach 1980) ergibt sich folgendes Bild:

- Die staatliche Electricité de France (EDF) nennt 16,66 Centimes (knapp sechs Pfennig) für Atomstrom, 29,26 Centimes für Kohle und 58,78 Centimes für Öl.
- Die Aare-Tessin AG für Elektrizität gibt für ihr Atomkraftwerk – eines von vieren in der Schweiz, die 28 Prozent des eidgenössischen Strombedarfs decken – 7,5 Rappen je Kilowattstunde an und rechnet bei Ölkraftwerken mit zwölf Rappen.
- Die britische CEGB Central Electricity Generating Board kommt auf 1,3 Pence für Kernkraft, 1,56 Pence für Kohle und 1,93 Pence für Öl.
- In den USA errechnete das Worldwatch Institute Washington zehn bis zwölf Cent für den Strom aus Kernkraft und die Hälfte für die dort freilich besonders billige Kohle. Konkurrenzfähig sind in den USA heute nur noch Atommeiler aus den guten alten Zeiten niedriger Baukosten.

Im Auftrag des nordrhein-westfälischen Wirtschaftsministers Reimut Jochimsen hat das Frankfurter Battelle-Institut, ein Ableger des amerikanischen Battelle Memorial Institute und Mitglied des Deutschen Atomforums, die Atom- und Steinkohlestrom-Preise untersucht und darüber im November 1982 eine 420 Seiten dicke Studie für 260925 Mark vorgelegt. Jochimsen, der sein Amt zum Teil den Stimmen der Wähler dankt, die unter und über Tage von der Kohle leben, war über das Ergebnis so erschrocken, daß er die Studie ein Jahr lang unter Verschluß hielt.

Nach den Ermittlungen der Battelle-Forscher lag der Kostenvorteil des Atomstroms zu dieser Zeit bei 3,5 Pfennig je Kilowattstunde und wird sich bis 1990 mehr als verdoppeln. Dann nämlich soll der Strom aus Uran 22 Pfennig und der aus Steinkohle 30 Pfennig kosten. Schlimmer noch: Die Spanne wird nach den Hochrechnungen der Battelle-Computer weiter wachsen. Argumente für die Stromversorger, ihre atomaren Kapazitäten auf Kosten der Steinkohle auszubauen.

Das aber darf nach dem im April 1980 zwischen der Vereinigung Deutscher Elektrizitätswerke (VDEW), Frankfurt, und dem Gesamtverband des Deutschen Steinkohlebergbaus, Essen, geschlossenen »Jahrhundertvertrag« gar nicht sein. Mit dem Vertrag verpflichteten sich die Versorgungsunternehmen, zunächst per anno 33 Millionen Tonnen deutsche Steinkohle zu verstromen und die Quote bis 1995 auf 47,5 Millionen Tonnen im Jahr zu steigern. Die Vertragspartner waren sich »darüber einig, daß der wachsende Energiebedarf in Zukunft nur gedeckt werden könne, wenn sowohl Kohle als auch Kernenergie in zunehmendem Maße zum Einsatz kommen«. Motto: Soviel Kernkraft wie nötig, soviel Kohle wie möglich. Und sie beschlossen, »etwaige Meinungsverschiedenheiten auszuräumen« und »Kontroversen in der Öffentlichkeit zu vermeiden«.

Freilich läßt die Lobby keine Gelegenheit aus, den kostengünstigen Strom aus Kernkraft zu preisen und zu beteuern, ihr weiterer Ausbau sei »unverzichtbar«. Als Anfang 1984 die Stromkostenrechnungen des Battelle-Instituts bekannt wurden, verkündete der CDU-Fraktions-Chef in Nordrhein-Westfalen und Oppositionsführer im Düsseldorfer Landtag, Bernhard Worms, der Jahrhundertvertrag sei erschüttert.

Das war er freilich nicht erst seit dem Gutachten aus Frankfurt. Als die Jahrhundert-Kontrahenten »im Geist freundschaftlicher Zusammenarbeit« (Vertragstext) unterschrieben, sahen sie »wachsenden Energiebedarf« voraus. Das war kurz vor der Entdeckung des Elastizitätskoeffizienten, der das Wachstum des Bedarfs an Primärenergie ins Negative kehrte und das des Stromverbrauchs stocken ließ.

Der Jahrhundertvertrag ist aber nur zu erfüllen, wenn der Stromverbrauch alle Jahre um ein paar Prozent steigt. Sonst bleibt für die Steinkohle keine Nische auf dem Elektrizitätsmarkt. Von Vertragsschluß bis 1985 sind sechs Atomkraftwerke mit jeweils rund 1300 Megawatt Leistung in Betrieb genommen worden:

- KKG Grafenrheinfeld
- KKK Krümmel
- KRB-B und -C Grundremmingen
- KWG Grohnde
- KKP-2 Philippsburg.

Die jährliche Stromproduktion eines 1300-Megawatt-Reaktors ersetzt das Verfeuern von rund 2,5 Millionen Tonnen Steinkohle. Die sechs Neubauten stehen für 15 Millionen Tonnen Steinkohle, die nicht verstromt werden. Bis 1990 wird der atomare Kraftwerkpark um weitere gute 7000 Megawatt wachsen, die an die 14 Millionen Tonnen Steinkohle verdrängen. Das ist, zusammen genommen, weit mehr als ein Drittel der Jahresförderung des deutschen Steinkohlebergbaus, für die heute noch 95000 Kumpel einfahren.

1995 läuft der Jahrhundertvertrag aus, und die Bergbauunternehmen wollen dann, so haben sie unterschrieben, »keine weiteren Forderungen bezüglich der für die Verstromung einzusetzenden Mengen an inländischer Steinkohle erheben«. Spätestens dann werden zehntausende von Bergleuten ihre Grubenlichter ausblasen und stempeln gehen. Neue Kundschaft für die deutsche Steinkohle ist nicht in Sicht. Auf dem Wärmemarkt kämpfen Öl- und Erdgasverkäufer um ihre schrumpfenden Anteile, und auch die Stromlieferanten wollen ihre Überkapazitäten verheizen.

Die Stromwirtschaft hat heute acht Prozent Anteil am Aufkommen für Heizenergie, und den will sie in den nächsten zehn bis 15 Jahren mehr als verdoppeln. Gerhard Hecker, Vorsitzender der Vereinigung Deutscher Elektrizitätswerke (VDEW), rühmt Strom als die »billigste Art der Heizung«. Und wie in konzertierter Aktion stimmt Staatssekretär Carl-Dieter Spranger vom Bonner Innenministerium, die oberste Atombehörde, vor dem Hintergrund stagnierenden Stromverbrauchs bei gleichzeitig steigender Atomkraftwerkskapazität ein, Strom werde künftig »im Wärmemarkt eine größere Rolle übernehmen«.

Nach Hecker kostet Nachtstrom für Elektrospeicherheizungen im Bundesdurchschnitt 10,9 Pfennig (inklusiv Kohlepfennig und Mehrwertsteuer) je Kilowattstunde. Damit kann er nur fast mit Heizöl und Erdgas konkurrieren, die je Kilowattstunde Energiewert etwa acht Pfennig kosten, aber wegen höherer Verluste bei der Anwendung (Wirkungsgrad der Heizung) im Wärmepreis auch an zehn Pfennig herankommen. Was aber der Vorsitzende bei seiner Betrachtung ausklammert, ist die Frage, wie bei 17 Pfennig Gestehungskosten je Kilowattstunde (ohne Verteilungskosten, die nach einer Faustregel der Branche die Hälfte des Endpreises ausmachen) für den vorgeblich so billigen Atomstrom die Preise für Elektrowärme gehalten werden können.

Die HEW, die Hamburgische Electricitäts-Werke AG,

die bald zwei Drittel ihres Stroms nuklear gewinnt, forderte 1984 vom Senat der Hansestadt die Bewilligung einer Tariferhöhung von elf Prozent. Die Gesellschaft hat sich mit ihrem atomaren Engagement übernommen. Das KKB Brunsbüttel, an dem sie beteiligt ist, steht häufiger still, als daß es rund um die Uhr Grundlaststrom liefert. In den ersten sieben Jahren seines Daseins ist es nur auf 35,4 Prozent Arbeitsausnutzung gekommen. Die neuen Blöcke Krümmel (soeben angelaufen) und Brokdorf (im Bau) belasten die Bilanz mit hohen Abschreibungen.

Der Hamburger Senat gestand seiner HEW, die mit ihren Strompreisen eh in der Spitzenklasse rangiert, 6,5 Prozent Aufschlag zu. Aufgeschoben, nicht aufgehoben – der nächste Antrag auf höhere Tarife kommt gewiß.

Was eine kleine, für den Bürger unmerkliche oder unauffällige Anhebung der Tarife bringt, belegt folgende Betrachtung: In der Bundesrepublik werden im Jahr (Stand 1984, ohne Stromerzeugung in Kraftwerken der Industrie und der Bundesbahn) rund 310 Milliarden Kilowattstunden elektrisch verkauft. Je Haushalt ticken im Durchschnitt jährlich 3500 Kilowattstunden durch den Zähler. Die kosten rund 770 Mark (etwa 22 Pfennig je Kilowattstunde im Mittel). Ein halber Pfennig mehr würde die Jahresrechnung um 17,50 Mark erhöhen. Um nicht ganz 1,50 Mark im Monat würden die Ausgaben des stromwirtschaftlichen Durchschnittshaushaltes steigen. Ein Kleckerbetrag, der in dem Warenkorb der allgemeinen Lebenshaltungskosten gar nicht auffällt. Auf der Einnahmeseite der Stromerzeuger und -verteiler aber stünden 1,55 Milliarden Mark. Und diese Summe bringt schon die Anzahlung für ein neues Atomkraftwerk, das sechs bis sieben Milliarden Mark kostet.

Die Münchener Stadtwerke haben sich vor Jahren mit 280 Millionen Mark an dem Bau des KKI 2 Ohu beteiligt. Mittlerweile mußten sie den Beitrag für ihren 25-Prozent-Anteil (ansonsten 40 Prozent Bayernwerk AG, 25 Prozent Isar-Amper-Werke AG und zehn Prozent Ostbayerische Elektrizitätsversorgungs AG) auf 1,2 Milliarden Mark aufstocken.

Die Münchener zahlen heute schon mit die höchsten Strompreise in der Bundesrepublik, und sie werden, wenn das KKI 2 gegen Ende des Jahrzehnts ans Netz geht, nicht entlastet werden. Eine Arbeitsgruppe an der Technischen Universität München hat herausgefunden, daß der Strom aus Ohu in der Landeshauptstadt kaum unterzubringen sein wird. Mögliche Folge des Überangebots an elektrischer Energie: Die Heizkraftwerke in München werden in ihrer elektrischen Leistung heruntergefahren, damit mehr Atomstrom ins Netz eingespeist werden kann. Die Fernwärme wird teurer, weil die Stromerlöse der Heizkraftwerke schwinden.

Ein anderer Fall: Das KWG Grohnde an der Weser, das kurz vor der Fertigstellung steht, wird teueren Atomstrom produzieren, der weit und breit gar nicht gebraucht wird. Zum Ausgleich wurde ein in Hannover projektiertes Heizkraftwerk gestrichen, teuere Elektro- statt preiswerter Fernwärme.

## 9.
## Der Aufbruch in die Atomschrottwirtschaft

Die Zeichen stehen dafür, daß wie in den USA auch bei uns im Land die Atomwirtschaft ans Ende der Fahnenstange gelangt. NRW-Wirtschaftsminister Jochimsen, dem das Battelle-Gutachten so mißfallen hat, beruft sich neuerdings gern auf die Wissenschaftler Dieter Viefhues (Universität Köln) und Jürgen Franke (Universität Bremen), die fürs Freiburger Öko-Institut die Kosten untersucht haben.

Viefhues und Franke machen den Steinkohlestrom nur wenig billiger. Sie rechnen für neue Steinkohlekraftwerke, die zum Ende des Jahrzehnts in Betrieb gehen, mit Entschwefelung nach Stand der Technik und der Gesetzgebung, 28 Pfennig je Kilowattstunde – nur zwei Pfennige weniger als die Experten von Battelle. Aber ihre Öko-Kalkulation ergibt für Atomstrom – ebenfalls bezogen auf 1989/1990 neue Anlagen – den stolzen Preis von 43 Pfennig je Kilowattstunde, während die Battelle-Rechner nur auf 22 Pfennig kommen.

Zwei Wirtschaftsingenieure der Kernforschungsanlage Jülich GmbH (Bund 90 Prozent, Nordrhein-Westfalen zehn Prozent) nahmen Stellung: »Die gravierenden Differenzen ... ergeben sich durch wesentlich höhere Herstellungs-, Stillegungs- sowie Wiederaufbereitungskosten in der Öko-Studie.«

Der Gesamtverband des Deutschen Steinkohlenbergbaus verlautbarte, daß die »von Battelle gewählten Prämissen und Methoden problematisch sind. Allem Anschein nach sind die Prämissen bei der Kernenergie eher optimistisch und bei der Steinkohle dagegen ungünstig angesetzt worden.« Die Entwicklung »nach Abschluß des Gutachtens« habe »für die Steinkohle deutlich günstigere Ergebnisse erbracht«.

Tatsächlich haben die Battelle-Gutachter ihre Computer mit Daten gefüttert, die die Wirklichkeit eher verfremden als darstellen. Angenommen wurden unter anderem

- acht Prozent Kalkulationszinssatz – andere Gutachter, so auch Franke/Viefhues, veranschlagen neun Prozent, die VDEW kommt inklusiv Risikoaufschlag gar auf gute 14 Prozent
- Arbeitsausnutzung 74 Prozent (6500 Stunden Vollast per anno) – die deutschen Kernkraftwerke, Weltspitze in der Arbeitsausnutzung, erreichten bisher im Durchschnitt aber nur 65 Prozent.

Die Verfasser der Battelle-Studie gewannen an ihren Rechnungen, die die Atom-Lobby so froh stimmte, selber offenbar nicht die rechte Freude. Sie schränkten ein, daß die Ergebnisse »nur mit erheblichen Unsicherheitsbandbreiten zu verwenden« seien. Im Klartext: Man mag daran glauben oder auch nicht.

Die Öko-Gutachter Franke und Viefhues glauben vor allem nicht, was die vom Battelle-Institut und andere Billigmacher für Wiederaufbereitung, Entsorgung und Stilllegung ausgedienter Atommeiler einkalkulieren.

Die Wiederaufbereitung abgebrannter Uran-Stäbe wollte ursprünglich die Chemie-Industrie übernehmen. Sie witterte ein »Milliardengeschäft, vor allem für den Export«. Das war zu der Zeit, in der noch hochgerechnet wurde, es werde bald so viele Kernkraftwerke geben, daß Natururan knapp werden würde.

Doch die Uranpreise blieben moderat – heute wird der atomare Brennstoff sogar zu Spotpreisen gehandelt wie überschüssiges Öl –, weil gar nicht soviele Reaktoren in Gang kamen. Und die Chemie-Bosse erkannten Mitte der siebziger Jahre, daß die Wiederaufbereitung als Teil des »Brennstoffkreislaufes« und der »Entsorgung« eigentlich eine Aufgabe sei, die der Staat zu bewältigen habe. Der Staat gab nach dem Verursacherprinzip die Aufgabe an die Betreiber der Kernkraftwerke weiter, und die gründeten die DWK – Deutsche Gesellschaft für Wiederaufbereitung von Kernbrennstoffen mbH, Sitz Hannover. Die zwölf Gesellschafter statteten ihre neue Firma mit 100 Millionen Mark Grundkapital aus und bestellten Günther Scheuten, bis dahin Justitiar der RWE, die mit 31 Prozent den größten Anteil an der DWK hat, zum Vorstandsvorsitzenden.

Scheuten und seine 350 Mitarbeiter (Personalkosten 1982 gute 32 Millionen Mark, von denen der fünfköpfige Vorstand sieben Millionen für sich in Anspruch nimmt), suchen seither nach dem Standort für die Wiederaufbereitungsanlage. Sie sollte ursprünglich bei Gorleben entstehen und mit 1400 Tonnen Atommüll-Durchsatz im Jahr die größte der Welt werden. Die DWK erstand für 50 Millionen Mark Grundstücke, investierte für Planung, Öffentlichkeitsarbeit, Gutachten und Bodenuntersuchungen wenigstens weitere 200 Millionen Mark und wurde dann von Niedersachsens Ministerpräsident Ernst Albrecht Mitte 1979 beschieden, sie möge sich einen anderen Bauplatz suchen. Er kniff vor den Bauern und Bürgern, die gegen das strahlende Projekt protestierten und prozessierten. Er war zwar dafür, fand es aber politisch nicht opportun.

In den folgenden Jahren wurden für jeweils zweistellige Millionensummen neue Bauplätze geortet und verworfen, so in Nordhessen und in Rheinland-Pfalz. Heute stehen – jeweils gegen den Protest von zehntausenden Anliegern – zwei Standorte parat:

- Wackersdorf im Landkreis Schwandorf in der Oberpfalz, für den sich Bayerns Ministerpräsident Franz Josef Strauß engagiert
- Dragahn im Landkreis Lüchow-Dannenberg, unweit von Gorleben, ein Standort, den Ernst Albrecht wieder für opportun hält, weil auf der Baustelle für wenigstens sieben Jahre um die 11000 Arbeitsplätze geschaffen werden.

Die Genehmigungsanträge sind gestellt. Scheutens DWK will auch bald entscheiden, wo gebaut wird. In Wackersdorf sind immerhin schon 153 Bohrlöcher bis zu

70 Meter Tiefe niedergebracht, um zu erproben, ob der Grund das Bauwerk tragen wird.

Ansonsten hat die DWK bisher wenig bewirkt. In Betrieb ist ein Zwischenlager für ausrangierte Brennelemente bei Gorleben. Das Bauwerk dient dazu, 1500 Tonnen atomaren Brennstoffmüll zu stapeln, bis Wiederaufbereitung und Endlagerung funktionieren. Ein gleichartiges Zwischenlager will die DWK bis 1987 bei Ahaus im Landkreis Borken einrichten. Die Betreiber der Kernkraftwerke behelfen sich derweil damit, daß sie ihre verbrauchten Brennelemente in sogenannten Abklingbecken wässern, bis der Brennstoffkreislauf in Schwung kommt, oder auch nicht. Denn die großen Pläne werden immer kleiner, und die kleinen finden heute bei den Gesellschaftern der DWK auch nicht mehr durchweg Anklang.

Ursprünglich sollte für vier Milliarden Mark eine Wiederaufbereitungsanlage mit jährlich 1400 Tonnen Durchsatz gebaut werden. Heute ist von zwei Anlagen die Rede mit je 350 Jahrestonnen, von denen aber wahrscheinlich nur eine notwendig werde. Und auch die könnte überflüssig, weil zu teuer werden.

Anstatt der vier Milliarden für die große Anlage sind heute sechs Milliarden Mark für eine kleine im Gespräch, und auch zehn bis zwölf Milliarden Mark werden schon genannt. Wenn die Experten der DWK so gut kalkulieren wie die Hersteller des Schnellen Brüters bei Kalkar, kann die Atomfabrik noch teurer kommen.

Für die Wiederaufbereitung wurden Anfang der achtziger Jahre noch Kosten benannt, die sich mit 0,75 bis einem Pfennig je Kilowattstunde in dem Preis für Atomstrom niederschlagen würden. Heute nehmen wohlgesonnene Fachleute zwei Pfennig an. Die Kritiker Franke und Viefhues belasten die atomare Kilowattstunde mit zehn Pfennig.

Hochgegriffen, aber nicht aus der Welt. Hans Christoph von Rohr, wirtschaftspolitischer Sprecher der CDU in der Hamburger Bürgerschaft und Mitglied des Bundesvorstandes des CDU-Wirtschaftsrates, glaubt an

»eher über als unter zwei Pfennig je Kilowattstunde« bei Aufbereitungskosten von 4000 bis 5000 Mark je Kilogramm verbrauchter Brennelemente, wie sie heute angenommen werden, befürchtet aber, daß sich die Kosten bis 1992 (dann nämlich soll nach dem Stand der Planung die Wiederaufbereitungsanlage in Betrieb gehen) »durchaus noch vervielfachen« können.

Der Hamburger Politiker, der in der Nachbarschaft von vier Kernkraftwerken lebt, im Dezember 1983 in der ›Zeit‹: »Die Wiederaufarbeitung verspricht ein finanzielles Abenteuer unübersehbaren Ausmaßes zu werden – vor allem für die Elektrizitätswirtschaft, die das alles einmal zahlen muß.«

Den Atomstrom produzierenden Unternehmen der Elektrizitätswirtschaft, den zwölf Gesellschaften der DWK, dämmert, daß es billiger wäre, wenn sie ihre abgebrannten Uranheizstäbe ohne Wiederaufarbeitung zu abermaliger Verwendung gleich in Salzbergwerken vergraben, der »Biosphäre entziehen« würden, wie es in der blumigen Fachsprache heißt.

Das würde im Hinblick auf die Sicherheit keinen großen Unterschied machen. Strahlender Müll bleibt auch nach der Wiederaufbereitung strahlend. Zwar rechnen die DWK-Experten aus, nukleares Recycling vermindere die tödliche Radioaktivität der Reststoffe so sehr, daß sie schon nach 1000 anstatt erst nach 500000 bis eine Million Jahren abklinge. Doch andere Experten behaupten, in dem Müll bleibe noch ein Prozent Plutonium, das nicht extrahiert werden könne und 340000 bis 840000 Jahre strahlen werde. Der US-Physiker Bernhard C. Cohen kommt zu dem Schluß, mit und ohne Wiederaufbereitung strahle es im Endlager mehr als eine Million Jahre.

Aber was soll's? Der Disput wird irrational. Auch 1000 Jahre Verwaltung, Bewachung und Sicherung von Atommüll in Salzstöcken oder anderen Kavernen sind über den Strompreis nicht finanzierbar.

Carsten Salander im Vorstand der DWK sieht die zeitliche Dimension realistisch: »Bei der Wiederaufbereitungsanlage handelt es sich um das langfristigste Industrieprojekt in der Bundesrepublik, so daß die meisten von uns bei seiner endgültigen Fertigstellung pensioniert oder am Ende ihres Berufslebens angelangt sein werden.« So löst sich auch das Problem der Verantwortung.

Daß mit der Endlagerung ohne Aufbereitung die Kosten günstiger zu gestalten sein werden, ist nicht mehr als eine Hoffnung. Bislang gibt es nur ein Endlager, das Salzbergwerk Asse II bei Wolfenbüttel. Dort wurde von 1967 bis 1978 leicht- bis mittelaktiver Abfall versuchsweise verstaut, der außer in Atomkraftwerken und -brennstofffabriken auch in Forschungslabors und Krankenhäusern anfällt. 1988 soll Asse II wieder in Betrieb genommen werden. Für hochaktiven Müll ist die Endlagerstätte freilich ungeeignet.

Dafür sind nach wie vor Salzstöcke bei Gorleben vorgesehen. Der Planfeststellungsantrag wird seit 1977 bearbeitet. Die Gelehrten sind sich aber noch nicht darüber einig, ob die »geologische Wirtsformation« (Fachjargon) sicher vor Grundwasser ist und ob wirklich keine Gefahr besteht, daß der vor sich hin glosende Atommüll das Steinsalz durchschmelzen wird. Laut Terminplanung des Bonner Innenministeriums (Stand 14. Dezember 1983) soll der Betrieb Ende der neunziger Jahre aufgenommen werden. Dann werden – wenn's bei dem Termin bleibt – die Reaktorbetreiber solide Rechnungen auf dem Tisch haben, was es kostet, ihren hochaktiven Müll in die Endlager-Grube fahren zu lassen. In den Zwischenlagern werden sich bis dahin fast 10000 Tonnen Abbrand und anderer Atommüll aufstauen.

Wie vieles andere nahm sich die Entsorgung früher einmal als etwas aus, um das sich niemand besondere Sorge machen müsse. Die Fachzeitschrift ›atomwirtschaft‹ berichtete schon 1961, das Problem sei gelöst. Und Carl-Friedrich von Weizsäcker, Kernphysiker und Philosoph, sah in einem Vortrag bei der BASF in Ludwigshafen, die damals ein eigenes Atomkraftwerk plante, 1968 »überhaupt kein Problem«, daß der »Atommüll irgendwohin verbracht oder radioaktive Gase in die Luft abgeblasen« werden. Und: »Ich habe mir in Karlsruhe sagen lassen, daß der gesamte Atommüll, der in der Bundesrepublik im Jahr 2000 vorhanden sein wird, in einen Kasten hineinginge, der ein Kubus von 20 Meter Seitenlänge ist.«

Im Kernforschungszentrum Karlsruhe, wo der philosophierende Kernphysiker erfahren hatte, wie das mit der Entsorgung laufen werde, hatte damals Professor Wolf Häfele das Sagen, der heute Chef der Kernforschungsanlage Jülich ist. Häfele hat sich auch dafür stark gemacht, daß der Schnelle Brüter Kalkar für eine Milliarde Mark in sechs Jahren zu bauen sei.

Heutzutage sind viele Kästen mit vielen hundert Metern Seitenlänge erforderlich. Die Branche hat weitere Abfallmengen, die in keinen Kasten passen.

Sechs Reaktoren stehen in der Bundesrepublik zum Abbruch an. Es sind kleine Reaktoren, an denen die Experten üben können:

- Das VAK Kahl, 17 Megawatt, in Betrieb genommen 1961, zur Stillegung vorgesehen im November 1985
- der MZFR Karlsruhe, 58 Megawatt, in Betrieb von 1965 bis 1984
- das KRB Gundremmingen, 250 Megawatt, das 1977 nach elf Jahren pannenreichem Betrieb stillgelegt wurde, weil weitere Reparaturen nicht mehr lohnten
- das KWL Lingen, 180 Megawatt, das nach neun Betriebsjahren ebenfalls 1977 vom Netz abgeklemmt werden mußte
- der HDR Großwelzheim, 100 Megawatt, der 1970 nach fünf Jahren Bau- und 2000 Stunden Betriebszeit abgeschaltet wurde, weil die radioaktiven Emissionen zu hoch waren und
- das KKN Niederaichbach, 106 Megawatt, das von 1966 bis 1971 für 230 Millionen Mark (130 Millionen

Mark davon aus Forschungsmitteln) geplant und gebaut wurde, dann über 18 Tage 40 Prozent der erwarteten Leistung erreichte und 1974 zum Objekt für die Erforschung der Technik zum Abriß von Reaktoren erklärt wurde.

In der Theorie ist es eine recht einfache Sache, ein Atomkraftwerk aus der Welt zu schaffen. Die Auskunft des Bundesinnenministeriums, der obersten Überwachungsbehörde der Atomwirtschaft, in einer Fragestunde des Bundestages:

»Kernkraftwerke können ähnlich wie konventionelle Industrieanlagen um- oder abgebaut werden. Ebenso wie während des Betriebes ein Abtransport von bestrahlten Brennelementen und radioaktiven Abfallprodukten erfolgt, werden nach der Stillegung eines Kernkraftwerkes alle aktivierten oder schwer zu dekontaminierenden Teile und Komponenten unter Beachtung der gültigen Transportvorschriften vom Kraftwerksstandort entfernt und in dafür vorgesehene zentrale Abklinglager gebracht.

Die nicht transportablen aktivierten oder kontaminierten Anlagenteile werden zunächst unzugänglich gemacht und erst zu einem späteren Zeitpunkt abgebaut und einer Endlagerung an anderer Stelle zugeführt. Während der Lagerzeit am Ursprungsort kann die kurz- und mittellebige Aktivität abklingen. Unter Beachtung bestimmter Vorsichtsmaßnahmen ist ein Abbau auch unmittelbar nach der Stillegung eines Kernkraftwerkes möglich.«

Das klingt, als sei der Abbruch eines Atomkraftwerkes Routinearbeit. Tatsächlich aber sind die Abbruchexperten erst im Begriff, sich einzuüben. Für ihren »Großversuch mit Demonstrationscharakter«, so das Atomstrom-Werbemagazin ›aktionsReport‹, haben sie sich das KKN Niederaichbach ausgesucht. Aus gutem Grund: Weil das Forschungsministerium geholfen hat, den Bau des Reaktors zu finanzieren, zahlt es auch für den Abbruch zu.

Nach den eineinhalb Jahre währenden vergeblichen Bemühungen, die Stromproduktion in Gang zu bringen, wurde das frisch verstrahlte Atomkraftwerk 1974 einbetoniert – Fachjargon »gesicherter Einschluß« – und danach für 1,2 Millionen Mark im Jahr bewacht.

Der Abbruch der Atomruine wurde anfangs auf 60 bis 70 Millionen Mark veranschlagt und sollte in drei bis vier Jahren bewältigt werden. Mittlerweile werden die Kosten auf das Doppelte geschätzt, und die Arbeiten sollen sieben Jahre dauern.

130000 Tonnen Schrott und Schutt werden anfallen, davon an die 2900 Tonnen radioaktiver. Davon wiederum sollen 1700 Tonnen »im Rahmen anderer atomrechtlicher Genehmigungen weiterverwendet« werden. Die übrigen 1200 Tonnen sollen im »Bundesendlager« Konrad, einer alten Erzgrube bei Salzgitter, eingebunkert werden. Laut Terminplan des Bundesinnenministeriums kann die Atommüllgrube 1988 zur Verfügung stehen.

Hinter der Floskel, daß radioaktiv verseuchtes Material »im Rahmen anderer atomrechtlicher Genehmigungen weiterverwendet« werde, verbirgt sich eine seit Jahren geübte Praxis. Kontaminierter, also verseuchter Stahl aus Kernkraftwerken, der bei Umrüstungen abfällt, wird so weit dekontaminiert, daß er ohne Verstoß gegen die Höchstwertverordnungen der Strahlenschutzbestimmungen wieder eingeschmolzen werden kann. Mit chemischen und physikalischen Verfahren werden die Oberflächen geputzt und abgetragen, bis die Meßgeräte anzeigen, daß die Strahlung unterhalb der zulässigen Grenzen bleibt.

Ganz wohl scheint den Dekontaminierern und den Aufsichtsbehörden dabei nicht zu sein. Der »freigemessene« Schrott (Fachjargon) wird in Chargen auf verschiedene Gießereien verteilt, um Verdünnungseffekte zu erzielen. Die verdünnte Radioaktivität findet sich später in Autokarosserien, Sprungfedermatratzen, Heizungskörpern, Baustahl und Eßbestecken wieder.

Früher wurden für Atomkraftwerke 30 bis 35 Jahre Lebenserwartung angenommen. Heute schätzen die Experten 20 Jahre als realistische Perspektive ein. In Frankreich, Großbritannien, Kanada und in den USA – aus der Sowjetunion weiß man nichts Genaues – funktionieren zwar noch ein gutes Dutzend, die mehr als zwei Jahrzehnte überstanden haben, so wie auch das deutsche VAK Kahl. Aber es sind kleine Anlagen mit 15 bis höchstens 175 Megawatt Leistung, die relativ einfach zu handhaben sind. Große Reaktoren kommen erst ab 1986 ins kritische Alter.

In der Bundesrepublik wird sich ab 1989 herausstellen, wie lange Atomkraftwerke überdauern, wenn es nicht gerade Ausreißer wie das KNK Niederaichbach, der HDR Großwelzheim, das KRB-A Gundremmingen und das KWL Lingen sind. Dann wird das KWO Obrigheim die Altersgrenze erreichen, und es folgen

- 1992 KKS Stade und KWW Würgassen
- 1995 Biblis A
- 1996 KKB Brunsbüttel und GKN-1 Neckarwestheim
- 1997 Biblis B
- und so weiter (s. Tabelle S. 26f.).

Die Stillegungs- und Abrißkosten werden erst seit Mitte der siebziger Jahre ins Atomstrom-Kostenkalkül eingezogen und stehen mit geschätzten zehn bis 15 Prozent der Baukosten zu Buche. An realen Summen werden 150 bis 350 Millionen Mark für einen 1300-Megawatt-Reaktor genannt.

Das sind recht windige Rechnungen. Zehn bis 15 Prozent würden beim Abbruch von Biblis A, das für 700 Millionen Mark gebaut wurde, 70 bis 105 Millionen ergeben. Bei einem der neueren Reaktoren, die sechs Milliarden Mark und mehr verschlingen, bis sie die erste Kilowattstunde ins Netz speisen, machen die in Prozenten geschätzten Abrißkosten wenigstens 600 bis 900 Millionen Mark aus.

Im Ernst weiß niemand, was der Abriß eines 1300-Megawatt-Reaktors kosten wird. Die »planvolle Entsorgung« des stillgelegten KNK Niederaichbach hat den Rang einer Uraufführung in einem Provinztheater. Der

100-Megawatt-Reaktor war nur kurze Zeit aktiv. Sein Inventar ist deshalb nicht übermäßig kontaminiert.

Eine ungefähre Vorstellung von Abrißkosten gibt der 1979 verunfallte US-Reaktor Three-Mile-Island bei Harrisburg. Die freilich wegen der hochgradigen radioaktiven Verseuchung besonders schwierige Beseitigung sollte zunächst für ein paar hundert Millionen Dollar abgewickelt werden. Mittlerweile sind daraus wenigstens eine Milliarde Dollar geworden. Der Abriß wird sich noch eine Weile hinziehen. Er wird die Experten auch im nächsten Jahrzehnt noch beschäftigen, und so ist die Reaktor-Ruine noch für einige Überraschungen gut.

Für die Beseitigung von Atommüll, die Stillegung und den Abriß ausgedienter Atomkraftwerke weisen die Betreiber in ihren Bilanzen hohe Rückstellungen aus. Die Rheinisch-Westfälische Elektrizitätswerke AG (RWE) hat unter dem Titel »Rückstellungen für Entsorgung im Kernenergiebereich« bis 1984 gute drei Milliarden Mark angesammelt.

Bayerns größter Stromerzeuger, die Bayernwerk AG, teilte im Bilanzbericht 1982/83 mit, für die atomare Ruinenbeseitigung seien 1,4 Milliarden Mark zurückgestellt, und diese Summe werde um jährlich 570 Millionen Mark aufgestockt.

Die Vorsorge für die Nachsorge tut den Atomstromproduzenten nicht weh. Sie wird zehntelpfennigweise über die Preise je Kilowattstunden eingetrieben und mindert den steuerbaren Gewinn. Die Milliarden sind für die Reaktor-Betreiber frei verfügbares Kapital bis zur Fälligkeit für den Bau der Wiederaufbereitungsanlage, für Endlagerung und Abriß. Fossile Kraftwerke bieten diese Möglichkeit, Gewinne an der Steuer vorbei zu kapitalisieren, nicht.

Ob die Rückstellungen schließlich und endlich für die vorgesehenen Aufgaben ausreichen, spielt keine entscheidende Rolle. Wenn nicht, läßt sich das über die Stromtarife regeln.

## 10.
## Am Ende ein Riese und zwei Zwerge

Ins große Geschäft mit der Atomenergie drängte anfangs alles, was Rang und Namen hatte. Sieben Unternehmensgruppen mühten sich noch Mitte der sechziger Jahre, einen Platz auf dem Markt zu erringen. Doch zum Zuge kamen im Reaktorbau nur AEG und Siemens. Sie schafften sich mit Lizenzen der US-Konzerne General Electric (AEG – Siedewasserreaktoren) und Westinghouse (Siemens – Druckwasserreaktoren) Zugang ins Geschäft. AEG buchte den ersten Auftrag und baute das VAK Kahl.

Weitere zehn Aufträge für AEG-Siedewasserreaktoren konnten plaziert werden, davon einer in Österreich. Insgesamt wurde über stolze 8000 Megawatt abgeschlossen. Aber das atomare Engagement entartete zum größten Mißgriff in der Geschichte des Konzerns.

1969 tat sich AEG mit Siemens in der Kraftwerk Union AG (KWU) zusammen – Anteil je die Hälfte, und jeder brachte seine Reaktorlinie ein. Die AEG hatte mit ihrer Mitgift Pech in Serie:

- Die Reaktor-Ruinen KRB-A Gundremmingen, KKL Lingen und HDR Großwelzheim schlagen auf dem AEG-Konto zu Buche.
- Bei den AEG-Anlagen KKW Würgassen, KKP 1 Philippsburg, KKB Brunsbüttel und KKI 1 Ohu mußten die Rohrleitungen ausgetauscht werden. Der Stahl war ungeeignet. Er versprödete vorzeitig unter dem Neutronenbeschuß.
- Das in Österreich plazierte Atomkraftwerk Tullnerfeld wurde per Volksentscheid aus dem Verkehr gezogen, bevor es die erste Kilowattstunde Atomstrom liefern konnte.

Der schlechte Gang der Geschäfte, die AEG in die Reaktorbaufirma eingebracht hatte, mußte von dem Frankfurter Elektrokonzern ausgeglichen werden. Im November 1974 veranschlagte das ›Handelsblatt‹ die Verluste der AEG aus »Altgeschäften« auf »eine halbe Milliarde Mark oder noch mehr«. AEG-Vorstandsvorsitzender Hans Groebe beschloß damals, das »kranke Bein zu amputieren«. Zwar sei »diese Amputation für uns bitter und schmerzlich zugleich, aber wir müssen sie hinnehmen im Interesse unserer künftigen Lebensfähigkeit«. Sein Nachfolger, Hans Cipa, setzte das Messer zur Operation an und versprach sich von der »Bereinigung des Reaktorrisikos« positive Wirkung.

Die Amputation wurde teuer. 1976 zahlte die AEG zur Ablösung des »Paketes Altgeschäfte« 1,5 Milliarden Mark. Siemens wurde alleiniger Besitzer der Kraftwerk Union AG. Die AEG schleppte die roten Zahlen noch eine Weile mit Bankkrediten durch und meldete im August 1982 Vergleich an. Die Gläubiger gaben 60 Prozent ihrer Forderungen dran. Damit war das Reaktorrisiko endgültig bereinigt.

Siemens ist seither der deutsche Branchenriese, der vom Staubsauger bis zum Atommeiler liefern kann, wie es sich Atomminister Siegfried Balke einst für die Weltgeltung der deutschen Wirtschaft erträumt hatte.

Die hundertprozentige Siemens-Tochter KWU, Fabriken in Berlin und Mülheim, Vertrieb in Offenbach und Erlangen, liefert komplette Atomkraftwerke inklusiv Brennelemente, bietet Service und Beratung. Die KWU hält 100 Prozent der INTERATOM GmbH, Friedrich-Ebert-Straße in Bergisch Gladbach, und unter dieser Adresse firmieren auch die

- INB Internationale Natrium-Brutreaktor-Bau Gesellschaft mbH (70 Prozent INTERATOM, je 15 Prozent Neratoom und Belgonucléaire S. A.), die den Bau des Schnellen Brüters in Kalkar besorgt
- KVG Kenntnisverwertungsgesellschaft Schnelle Brutreaktoren GmbH (Gesellschafter INTERATOM, KfK

Kernforschungszentrum Karlsruhe GmbH, Neratoom und Belgonucléaire)
- GHT Gesellschaft für Hochtemperaturreaktor-Technik mbH (100 Prozent INTERATOM)
- GnV Gesellschaft für nukleare Verfahrenstechnik mbH (Gesellschafter INTERATOM und M. A. N.).

Außer dem Siemens-Riesen sind in deutschen Landen im Reaktorbau nur noch zwei Zwerge auszumachen:

- Die BBR Brown Boveri Reaktor GmbH, Gesellschafter BBC Mannheim und BBC Baden, Schweiz. Die Babcock Wilcox Co., New York, ist im Januar 1981 ausgestiegen. BBR baut seit 1973 an dem Kernkraftwerk Mülheim-Kärlich. Das ist das erste und letzte Projekt. Die Firma wird sich in Zukunft auf Service und Beratung beschränken, wenn sie die Verluste überlebt, die sie mit Mülheim-Kärlich einstecken muß.
- Die HRB Hochtemperatur-Reaktorbau GmbH, 55 Prozent BBC Mannheim und 45 Prozent General Atomic Europe Development Corporation AG, Glarus (Schweiz), ein europäisches Bein im Atomgeschäft des US-Multis Gulf. HRB baute mit der NUKEM GmbH, Hanau (Gesellschafter: RWE, Metallgesellschaft, DEGUSSA, Imperial Smelting Corporation Ltd.), deren Geschäft ansonsten nukleare Zulieferungen und Dienstleistungen sind, den THTR-300 Uentrop. Nach 14 Jahren Bauzeit und mehr als fünffacher Steigerung der Baukosten wurde der Hochtemperatur-Reaktor im Herbst 1983 zum ersten mal kritisch.

An dem THTR-300-Bau sind mit knapp 60 Prozent der Bund dabei, mit zwölf Prozent das Land Nordrhein-Westfalen, neun Prozent schießt das Finanzamt per Investitionszulage zu, und den Rest besorgt die HGK Hochtemperatur-Kernkraftwerk GmbH, Hamm. Gesellschafter sind mit je 26 Prozent die Stromversorger Gemeinschaftskraftwerk Weser Elektromark, Vereinigte Elektrizitätswerke Westfalen, Gemeinschaftskraftwerk Hattingen mit zwölf Prozent sowie die Stadtwerke Aachen und Bremen mit je fünf Prozent.

Der THTR-300 war – lange ist's her – einmal die große Hoffnung auf Fortschritt in der Nutzung der Atomenergie. Er kann hohe Temperaturen bis nahe 1000 Grad Celsius erreichen. In den siebziger Jahren schon – so die Perspektiven der Planer – sollte mit der Prozeßwärme Braunkohle vergast werden. Dafür war schon im Tagebergbau bei Düren im Hambacher Forst eine Grube mit 50 Millionen Tonnen Jahreskapazität aufgeschlossen worden. Aber im Januar 1984 teilte die Rheinisch-Westfälische Elektrizitätswerk AG mit, die Braunkohle werde verstromt und nicht vergast. Es hat sich nämlich erwiesen, daß cs vernünftiger ist, mit Braunkohle unterm Kessel Wasser heiß zu machen, um Strom zu gewinnen oder Fernwärme zu liefern, anstatt mit nuklearer Energie und gigantischem technischen Aufwand die Braunkohle zu vergasen, damit mit dem Gas Wasser heiß gemacht werden kann.

So wird denn das Milliarden-Ding für nichts anderes taugen, als besonders teuren Atomstrom zu erzeugen. Die Siemens-Tochter KWU wird auch diese Konkurrenz bald los sein. Doch sie kann sich ihres Monopols kaum erfreuen. Ihre Werke in Mülheim und Berlin sind seit Jahren nur noch zur Hälfte ausgelastet. Vorstandsvorsitzender Klaus Barthelt hat Anfang 1984 angekündigt, die Belegschaft damals (14578 Leute, davon mehr als die Hälfte Ingenieure) müsse um jährlich zwei bis drei Prozent abgebaut werden. Die KWU zehrt vom Auftragsbestand. Und mit dem sind keine Umsätze zu machen, die Wachstum bringen. Vier Reaktoren mit zusammen rund 5300 Megawatt hat die KWU in Arbeit (siehe Tabelle auf S. 28). Das letzte davon, GKN-2 Neckarwestheim, soll 1990 ans Netz gehen.

Ansonsten stehen in den KWU-Auftragsbüchern nur Karteileichen. Aufgeschoben und wohl auch aufgehoben sind die Aufträge für zehn Reaktoren mit jeweils rund

1300 Megawatt Leistung, die in den Jahren 1975 bis 1978 bestellt worden sind:

- KWS Wyhl, nach gerichtlich verordnetem und wieder aufgehobenem Baustopp eingestellt, weil Baden-Württembergs Landesherr, Lothar Späth, meint, der Atomstrom sei gar nicht notwendig. Späth ließ sich von den Protestaktionen von 50 Bürgerinitiativen überzeugen, die bis zu 40000 Demonstranten auf die Straßen brachten – Bauern, Winzer, Handwerker, Pfarrer, Lehrer, Hausfrauen, Studenten und nur ganz wenige Chaoten oder Extremisten.
- KKH Hamm, verschwand ohne weitere Kommentare aus den Auftragsbüchern, weil es offensichtlich überflüssig wurde.
- Biblis C und D, Planung eingestellt, seit Holger Börner in Hessen mit bedingter Hilfe der Grünen regiert.
- Neupotz A, im Herbst 1982 storniert; von dem in Aussicht genommenen Block B ist auch keine Rede mehr.
- Vahnum A und B, die Planung wurde eingestellt.
- KRL Pfaffenhofen, mangels Zuwachsraten des Stromverbrauchs überflüssig geworden; außerdem machen Naturschützer Schwierigkeiten, die ein Sperrgrundstück gekauft haben.
- KWB Borken, Planung wurde eingestellt.

Auch im Ausland läuft nichts für die KWU, ist noch nie Nennenswertes gelaufen. Den ersten Exportauftrag der deutschen Reaktorhersteller buchte 1968 Siemens. Argentinien bestellte bei Siemens das 319-Megawatt-Atomkraftwerk Atucha I, das seit 1974 Strom liefert.

Der Auftrag wurde als Durchbruch der deutschen Atom-Industrie auf dem lateinamerikanischen Markt gefeiert, und Siemens schrieb nach Bonn, daß auch in Taiwan, Rumänien, Jugoslawien, Südafrika, Indien und in der Türkei Interesse bestünde. Der Erfolg in Argentinien war weniger das Verdienst der Kraftwerkbauer als vielmehr der staatlichen Exportförderung. Bonn hatte die Finanzierung von Atucha I über billige Kredite und Bürgschaften besorgt. Ein gutes Geschäft für die Argentinier, ein schlechtes für die deutschen Steuerzahler.

Die Exporterfolge der Atom-Werker sind bis heute kümmerlich. Von den weltweit fast 300 nuklearen Kraftwerken, die in 33 Ländern (einschließlich Ostblock) unter Dampf stehen, haben die Deutschen außer denen im eigenen Land nur das in Argentinien und je eines in den Niederlanden und in der Schweiz installiert.

Die Aquisiteure der heimischen Atom-Industrie hatten beim Ausgucken ihrer Auftraggeber wenig Fortune: Zwei Atomkraftwerke, die der Schah 1974 bestellt hatte und mit deren Bau auch begonnen wurde, hat Ayatollah Chomeini kurzerhand für nutzlos erklärt. Von acht weiteren Aufträgen, die der Schah buchen wollte, ist seither keine Rede mehr.

Auch bei anderen Exportanbahnungen kam mehr heiße Luft als Dampf zum Antrieb von Turbinen heraus. Bei einem Besuch in der Bundesrepublik war der brasilianische Energieminister Shigeaki Ueki von Biblis A – damals mit 1204 Megawatt elektrischer Leistung das größte Atomkraftwerk der Welt – tief beeindruckt. Er optierte für acht Reaktoren dieser Leistungsklasse.

Das »größte Geschäft des deutschen Außenhandels aller Zeiten«, so verkündeten Schlagzeilen, stand ins Haus. Aber dann wurde nur mit dem Bau von zwei Reaktoren begonnen. Ob sie jemals fertiggestellt werden, ist ungewiß. Die Brasilianer stehen bei den internationalen Banken so tief in der Kreide, daß sie ihr atomares Engagement wohl nie bezahlen können. Auch den Strom brauchen sie gar nicht. Die beiden brasilianischen KWU-Atomkraftwerke sollten ursprünglich 1982/83 ans Netz gehen. Inzwischen ist der Termin ins nächste Jahrzehnt verschoben worden. Aus dem »größten Geschäft« kann eine Pleite werden, die Börsenkurse purzeln läßt.

In Spanien brachte die Kraftwerk Union von 1975 bis 1981 drei Aufträge unter. Zwei reiften bis zu dem Zustand, daß sie in der Statistik als »in Bau« verzeichnet stehen. Aber die sozialistische Regierung unter Felipe Gonzalez, die seit Oktober 1982 im Amt ist, schrieb das Programm um. Sie will nur noch sechs, bereits weitgehend fertiggestellte Atomkraftwerke in Betrieb nehmen. Die drei deutschen und fünf weitere, die bei den US-Konzernen Westinghouse und General Electric bestellt wurden, (vier davon schon im Bau) sollen storniert werden.

Bleibt noch der »Letter of Intent«, mit dem Argentinien schon 1979 sein Interesse an einem Atucha II mit 602 Megawatt bekundet hat. Ein richtiger Auftrag ist bisher daraus nicht geworden. Die Argentinier sind so wenig zahlungsfähig wie die Brasilianer.

Aus der Türkei hat die KWU Anfang 1984 einen »Letter of Intent« bekommen. Aber die Türken haben den Brief mit der Absichtserklärung, ins Endzeitalter der Atomstromwirtschaft einzusteigen, ebenso an die Konkurrenz in den USA und in Kanada versandt. Auch die Ägypter hätten gern ein Atomkraftwerk. Ein Angebot der KWU liegt ihnen vor. Aber da sitzt die französische Framatome offenbar näher am Drücker.

Klaus Barthelt, Vorsitzender des Vorstandes KWU, zur internationalen Atomgeschäftslage in einem Vortrag zur Bilanz: »Die Konkurrenten raufen sich um ein paar Aufträge wie die Hunde um ein paar magere Knochen.«

Barthelt weiß, wie schwer es ist, bei diesen Raufereien einen Knochen zu erwischen. Er wollte schon einmal den Sowjets einreden, sie sollten bei Kaliningrad (ehemals Königsberg) von den West-Deutschen vier 1200-Megawatt-Blöcke errichten lassen. Bezahlen sollten die Sowjets mit Strom für West-Berlin. Die Gespräche gediehen soweit, daß schließlich im Herbst 1974 Bundeskanzler Helmut Schmidt bei einem Besuch in Moskau sein Wort dafür einlegte, die Sowjets möchten der deutschen Reaktorindustrie ihren Markt öffnen. Aber die mochten nicht. Sie bauen ihre Atomkraftwerke lieber selber.

Neuerdings sehen die Reaktorbauer den Markt der Zukunft in der Chinesischen Volksrepublik. Die hat erst zwei Atommeiler mit je 900 Megawatt Leistung in Arbeit, über die sie mit dem französischen Staatskonzern Framatome ins Geschäft gekommen ist, und bastelt an einem 300-Megawatt-Reaktor eigener Bauart. Der Eigenbau-Meiler soll 1988 fertig werden, die Framatome-Anlagen 1991. Die KWU-Manager hoffen, mit der Volksrepublik ins Geschäft zu kommen, wenn die Chinesen erstmal Geschmack am Atomstrom gefunden haben. Ein Silberstreif am Horizont.

Im Sommer 1984 hat der Staatskonzern China Light and Power tatsächlich einiges Reaktorzubehör bei der KWU bestellt, um sein Programm zur Errichtung von zehn Atomkraftwerken mit insgesamt etwa 10000 Megawatt Leistung bis zum Ende des Jahrtausends in Schwung zu bringen. Die Bezahlung wird – wie im Welthandel mit devisenschwachen sozialistischen Ländern weithin üblich – per Tauschhandel abgewickelt werden. Daraus kann sich eine ausgeglichene Zahlungsbilanz ergeben. Die bayerischen Weißwurstfabrikanten beziehen aus China seit eh und je Schafsdärme, in die sie das Brät abfüllen. Bedarf für chinesische Tauschhandelsware besteht also.

Die Kapazitäten der KWU sind auf Export ausgelegt. Der Inlandsmarkt kann – selbst wenn noch ein paar der aufgeschobenen Atommeiler aktiviert werden – den Umsatz nicht bringen, der zur Auslastung auch nur annähernd notwendig wäre. Und nur vom Bau von Kohlekraftwerken kann das Unternehmen auf Dauer nicht existieren.

Die KWU zahlt trotz schlechter Beschäftigung und rückläufiger Geschäfte an die Mutter Siemens satte Dividenden (1984 wieder 16 Prozent). Siemens hat diesen Rückfluß gewiß auch nötig, denn irgendwann werden – siehe AEG – Amputationskosten fällig.

Freilich steht noch ein großes Geschäft bevor: Das Verschrotten von Atomkraftwerken. Das wird viel Geld kosten und enorme Umsätze bringen.

## 11. Reaktorsicherheit – philosophisch gelöst, technisch zweifelhaft

Lange schauten die Schweinfurter zu, wie vor ihrer Stadt – 3,4 Kilometer von der Grenze und 7,5 Kilometer vom Zentrum entfernt – das KKG Grafenrheinfeld (1125 Megawatt netto) der Bayernwerk AG heranwuchs. Dann gab die Stadtregierung bei dem Institut für Energie- und Umweltforschung (IFEU) in Heidelberg die ›Studie über die Folgen von Unfällen im Kernkraftwerk Grafenrheinfeld‹ in Auftrag.

Die IFEU-Forscher, eine gegen Atomenergie engagierte Gruppe von Wissenschaftlern, unterbreiteten ein Szenario, nach dem

- bei einem »großen Unfall« (Kernschmelze mit einer Dampfexplosion) »maximal 46000 akute Todesfälle« in der Stadt (52700 Einwohner, aber rund 85000 Menschen, die sich tagsüber im Stadtgebiet aufhalten) zu erwarten seien,
- bei einem »mittleren Unfall« (Störfall mit großem Leck im Sicherheitsbehälter, aber beherrschtem Kühlmittelverlust) würde es keine akuten Todesfälle geben, doch das radioaktiv verseuchte Stadtgebiet müsse für mehrere Jahrzehnte gesperrt werden.

Oberbürgermeister Kurt Petzold nannte die Vorschau »bedrückend und erschütternd«. Wenn sie nicht widerlegt werden könne, dürfe das Kernkraftwerk nicht in Betrieb genommen werden.

Zu widerlegen war die Heidelberger Apokalypse schwer. Die IFEU-Wissenschaftler hatten ihr Werk auf den Daten der »Deutschen Risikostudie Kernkraftwerke« aufgebaut, die das Bundesministerium für Forschung und Technik (BMFT) 1979 herausgegeben hat. So wurde denn auch nicht die wissenschaftliche Qualität des Gutachtens und dessen Aussagen bestritten. Aber der bayerische Umweltminister Alfred Dick als oberster Chef der bayerischen Genehmigungsbehörde erklärte, die getroffenen Vorkehrungen machten einen schweren oder mittleren Unfall praktisch unmöglich. Solche Unfälle könnten sich nur ereignen, wenn die mehrfach eingebauten Sicherheitssysteme gleichzeitig versagen würden, was aber auszuschließen sei.

Die Bayernwerk AG verlautbarte, das IFEU-Gutachten beschäftige sich mit Störfällen, die »im hypothetischen Bereich« liegen. Solche Störfälle aber gehörten zu dem Restrisiko der Nutzung von Atomenergie, das nach einem Urteil des Bundesverfassungsgerichtes als »adäquate soziale Last« zu tragen sei. Die Verwaltungsrichter in Würzburg bürdeten den Schweinfurtern die Last auf, die schließlich auch alle anderen Anrainer von Atomkraftwerken zu tragen haben. Die Bayernwerk AG durfte ihr Kernkraftwerk mit 193 Brennelementen (103 Tonnen angereichertes Uran) bestücken und im Juni 1982 in Betrieb nehmen. Ende April 1983 zog die Stadt ihre Klage zurück – wegen mangelnder Aussicht auf Erfolg.

Ursprünglich haben sich die Experten über die Sicherheit von Atomreaktoren wenig Gedanken gemacht. Am 20. Dezember 1951 war es in den USA zum ersten Mal in der Geschichte der Menschheit gelungen, mit nuklearer Energie Strom zu erzeugen. Der Experimental Breeder 1 (EBR 1) bei Idaho Falls hatte vier 200-Watt-Glühbirnen zum Leuchten gebracht.

Schon fünf Jahre später erkannte ein Gremium der soeben gegründeten Europäischen Atomgemeinschaft, genannt die »Euratom-Weisen«, alle Sachverständigen seien sich darüber einig, daß die Wahrscheinlichkeit von Unfällen bei der friedlichen Nutzung von Kernenergie sehr gering sei.

Damals brannte das atomare Feuer nur in wenigen, kleinen Versuchsreaktoren in den USA, in Kanada und Großbritannien. Sie dienten vorwiegend militärischen

Zwecken, nämlich der Gewinnung von Spalt-Material für Bomben. Einige recht kritische Unfälle hatte es auch schon gegeben. Ein kommerzieller Reaktor, auf dessen Betriebsdaten die »Euratom-Weisen« ihr Urteil über die Unwahrscheinlichkeit von Unfällen hätten gründen können, war bis dahin weltweit noch nicht im Einsatz, geschweige denn erprobt. Das Sicherheitspostulat wurde zum Glaubenssatz, der Sicherheitsforschung weitgehend erübrigte und in der Bundesrepublik den frohgemuten Aufbruch ins Zeitalter der Atomkraft förderte.

Doch mit Beginn der siebziger Jahre kam die Frage der Reaktorsicherheit international ins Gerede. Experimente in den USA, aus denen die deutschen Hersteller AEG und Siemens die Baupläne für ihre Siede- und Druckwasserreaktoren bezogen, hatten ergeben, daß die bis dahin gebräuchlichen Notkühlsysteme unzulänglich seien. Bis dahin (Stand 1970) hatten die deutschen Stromversorger schon 865 Megawatt am Netz, und Atomkraftwerke mit zusammen 5297 Megawatt waren in Planung und im Bau (siehe Tabelle S. 26f.).

Die Notkühlung ist das Kernstück kerntechnischer Sicherheit. Im normalen Betrieb erhitzen die Brennelemente im Reaktorkern Wasser auf 300 bis 500 Grad Celsius für den Antrieb stromerzeugender Turbinen. Im Störfall aber, wenn etwa ein Turbinenschaden die Abnahme der Wärmeenergie blockiert, können sich die Brennelemente übers Maß erhitzen. Zwar nimmt mit steigender Temperatur die Kettenreaktion ab, doch binnen etwa einer Stunde würde die Nachzerfallswärme das radioaktive Inventar bis zum Schmelzpunkt (über 2000 Grad Celsius) aufheizen.

Die glutflüssige Masse des Reaktorkerns (in einem der modernen 1300-Megawatt-Kernkraftwerke mehr als 100 Tonnen) könnte sich durch den Stahlmantel und meterdicken Beton des Sicherheitsbehälters durchfressen oder -schweißen. Das ist noch nie passiert, und experimentell so etwas zu veranstalten, hat sich noch niemand getraut. Aber nach Modellrechnungen kann das Durchschmelzen nur ein paar Tage dauern.

Doch vorher schon kann Überdruck den Sicherheitsbehälter bersten lassen. Wieviel Zeit den Behörden bleibt, Katastrophenschutzpläne aus den Schubläden zu ziehen und die Bevölkerung zu evakuieren, weiß kein Mensch. Gewiß ist nur, daß eine Kernschmelze – ein GAU, nämlich der »größte *a*nzunehmende *U*nfall« – mit keinen technischen Maßnahmen zu beherrschen wäre.

Das erste deutsche Programm zur Sicherheitsforschung wurde im August 1972 aufgelegt, als schon zehn Atommeiler in Betrieb und weitere zwölf in der Planungs- und Bauphase waren. Es wurde fürs erste mit 34 Millionen Mark für 65 Vorhaben ausgestattet. Fünf Jahre später waren es 288 Forschungsvorhaben, für die 121 Millionen Mark ausgewiesen wurden.

Zwei Jahre später wurde die seit 1958 bestehende Reaktorsicherheitskommission (RSK), eine Vereinigung von Wissenschaftlern und Kerntechnikern, als Beratungsgremium des Bundesinnenministeriums bestellt. Und seit 1974 berät auch die Strahlenschutzkommission (SSK), deren wissenschaftliche Mitarbeiter alle drei Jahre vom Bonner Innenminister berufen werden.

In den Vereinigten Staaten reifte derweil eine besondere Sicherheitsphilosophie heran, die dem mit Ingenieurskunst unbeherrschbaren GAU seinen Schrecken nehmen sollte. Der Mathematiker Norman Rasmussen erarbeitete die Studie WASH 1400 im Auftrag der US-Behörden Atomic Energy Commission (AEC) und Nuclear Regulatory Commission (NCR), den sogenannten Rasmussen-Report.

Im Vorspann der Studie heißt es: »Weder die USA noch die US-Atombehörde noch irgendeiner ihrer Angestellten übernehmen irgendwelche Garantien, Haftung oder Verantwortung für die Richtigkeit, Vollständigkeit oder Nützlichkeit der Informationen in diesem Bericht.« Sodann kommt Rasmussen mit Standort- und Störfallanalysen, Berechnungen, statistischen Simulationen und Schätzungen zu dem Schluß, daß

- ein Unfall mit 70 Toten nur einmal in einer Million Reaktorjahren und
- der größte anzunehmende Unfall (GAU) nur einmal in einer Milliarde Reaktorjahren zu erwarten sei, wobei es 2300 Todes- und 5600 akute Krankheitsfälle sowie 6,2 Milliarden Dollar Schaden geben könne.

Andere Wissenschaftler rechneten Rasmussens Vorhersagen nach und kamen zu sehr viel pessimistischeren Ergebnissen. Auch die Auftraggeber bezweifelten die Seriosität der Studie. Sie verlangten eine Überarbeitung.

In der neuen Fassung seiner Katastrophen-Vorschau gestand Rasmussen zu, ein GAU könne auch

- 3300 Todes- und 45000 akute Krankheitsfälle verursachen
- sowie 14 Milliarden Dollar Schaden stiften.

Nach der überarbeiteten Fassung sollen sich weniger schwere Katastrophen mit folgenden Wahrscheinlichkeiten ereignen können:

- Ein Unfall mit 100 Toten in 10000 Reaktorjahren
- ein Unfall mit 1000 Toten einmal in einer Million Reaktorjahren.

Auf 2400 Seiten steht unter vielem anderen zu lesen, daß das Risiko, von einem Meteor oder einem Blitz getroffen zu werden, viel größer sei als das, durch einen Reaktorunfall zu Tode zu kommen.

Im August 1979 veröffentlichte das Bonner Forschungsministerium die deutsche Risikostudie. Die Gesellschaft für Reaktorsicherheit hat sie mit dem Kernforschungszentrum Karlsruhe, dem Institut für Unfallforschung des TÜV Rheinland, Köln, und der Gesellschaft für Strahlen- und Umweltforschung, Neuherberg bei München, nach der Rasmussen-Methodik verfaßt. Die Forscher fanden heraus, daß ein GAU hierzulande ähnlich unwahrscheinlich sei, wie laut Rasmussen in den USA. Umrechnungsfaktoren ergaben sich vor allem aus der höheren Bevölkerungsdichte rund um die Reaktoren in der Bundesrepublik.

Die Risikostudien machen die Sicherheitsfrage zum Lottospiel mit umgekehrter Erwartung. Lottospieler hoffen darauf, daß das unwahrscheinliche Glück am nächsten Samstag aus der Trommel fällt. Die Risikoforscher denken sich aus, daß das mögliche Unglück erst in ferner Zukunft zuschlägt.

Die Unsicherheit der Sicherheitsprognosen wird mit feinsinnigen Sprachregelungen kaschiert:

- »Basissicherheit« verhindert – so die Philosophie – durch Auslegung, Qualität der Werkstoffe und Wahl der Fertigungsverfahren, daß überhaupt etwas passieren kann.
- »Auslegungsstörfälle« sind Ereignisse, mit deren Vorkommen erfahrungsgemäß trotzdem gerechnet werden muß und deren Möglichkeit ins Kalkül gezogen wird. Gegen sie werden Sicherheitssysteme eingebaut.
- »Redundanz der Sicherheitssysteme« (zum Beispiel drei oder vier voneinander unabhängig funktionierende Notkühlungen) gewährleistet, daß Auslegungsstörfälle beherrscht werden.
- Unter dem Begriff »Restrisiko« werden jene Stör- und Unfälle abgehakt, die zwar technisch und physikalisch möglich sind, gegen die aber keine Vorkehrungen getroffen werden, weil Basissicherheit und Redundanz der Sicherheitssysteme ihr Eintreten unwahrscheinlich machen.

Kriege, in denen Bomben und Raketen auf Atomkraftwerke treffen könnten, sind in der Risikophilosophie nicht vorgesehen, und daß die elektronischen Systeme eines Reaktors Atomexplosionen schadlos überstehen, ist nur eine Hoffnung.

Im April 1984 ließ der für Reaktorsicherheit zuständige Bundesinnenminister »im Einvernehmen mit dem Bundesminister für Verteidigung, dem Bundesminister für Wirtschaft und dem Bundesminister für Forschung und

Technologie namens der Bundesregierung« eine Anfrage der Grünen im Bundestag so beantworten: »Kernkraftwerke werden weltweit nicht gegen kriegerische Ereignisse ausgelegt. Demzufolge wurden bisher auch keine gezielten Untersuchungen über die Auswirkungen des sogenannten nuklearen elektromagnetischen Puls (EMP), wie er bei einer Atomwaffenexplosion in großer Höhe auftritt, auf Kernkraftwerke durchgeführt. Aufgrund der aus amerikanischen Testversuchen gewonnenen Kenntnisse über das amerikanische Erscheinungsbild eines EMP ist jedoch davon auszugehen, daß die in modernen deutschen Kernkraftwerken realisierten Maßnahmen, insbesondere zum Schutz gegen Blitzeinwirkungen, auch einen relativ weitreichenden Schutz gegen einen nuklearen EMP gewährleisten.«

Was passiert, wenn der »relative Schutz« nicht weit genug reicht, ist unschwer auszumalen. Wenn die elektronischen Kontroll- und Sicherheitssysteme ausfallen, ist ein Reaktor nicht mehr beherrschbar.

Zum Restrisiko gehört der GAU, der nicht einen Rest von Risiko ausmacht, sondern das größte mögliche ist, die Kernschmelze. Einmal voll im Gang, kann sie durch keine der heute bekannten Sicherheitsmaßnahmen gestoppt werden. Ein GAU kann nach der inzwischen verbindlichen deutschen Risikophilosophie gar nicht vorkommen. Trotzdem wappnen sich die Behörden mit Katastrophenplänen, die unter »vertraulich« oder »geheim« in den Schubläden lagern.

Das Bayerische Staatsministerium des Inneren teilt dazu in einer Broschüre für den »Bürgerdialog Kernenergie« mit: »Auch wenn für die friedliche Nutzung der Kernenergie das Risiko eines Störfalles durch strenge Sicherheitsbestimmungen geringer ist als bei irgendeiner technischen Entwicklung jemals zuvor, ist es eine Selbstverständlichkeit für einen verantwortungsbewußten Staat, auch hier für den Notfall – das sogenannte ›Restrisiko‹ – Vorsorge zu treffen. Die Katastrophenschutzplanung für den Bereich kerntechnischer Anlagen darf allerdings nicht mißverstanden werden, daß der Staat mit Störfällen rechnet. Sie ist vielmehr Ausdruck der Tatsache, daß der Staat die Augen vor dem Risiko nicht verschließt und den Bürgern keinen Sand in die Augen streuen will.«

Die IZE Informationszentrale der Elektrizitätswirtschaft e. V., Bonn, schafft den GAU einfach ab und ersetzt ihn durch den »umfassenderen Begriff des Auslegungsstörfalls«, und der kann keinen Schaden stiften, weil »Auslegungsstörfälle durch die Sicherheitseinrichtungen so beherrscht werden müssen, daß die Auswirkungen in der Umgebung unter den vorgesehenen Grenzwerten der Strahlenschutzverordnung bleiben«.

Das grenzt an die Sophistik mittelalterlicher Kirchenlehrer, die darüber philosophieren, wie viele Engel auf einer Nadelspitze Platz finden können, hat aber seinen tieferen Sinn. Eine technische Anlage, bei der mit einem Unfall gerechnet werden muß, der Tausende und Zehntausende Tote zur Folge haben könnte, wäre nicht genehmigungsfähig. Sicherheitsphilosophie als Krücke für Genehmigungsbehörden und für Verwaltungsgerichte, die den Öko-Phantasten das Weltbild zurechtrücken.

## 12.
## Die Chronik der Reaktorpannen – alle zwei Jahre nahe am GAU

Was nach der Wahrscheinlichkeitsrechnung nur einmal in zehntausend oder Millionen Jahren sein kann, muß nicht erst nach zehntausend Jahren passieren. Das lehrte, soweit es nicht von vernünftigen Leuten als selbstverständlich begriffen wird, 1979 ein Unfall in den USA. Weltweit waren bis dahin knapp 2000 Reaktorbetriebsjahre erreicht. Der Reaktor, der fast den ersten GAU des Atomzeitalters beschert hätte, hing gerade drei Monate am Netz.

Das Kernkraftwerk Three Mile Island 2 (TMI 2), ein Druckwasserreaktor mit 956 Megawatt Leistung, der Pennsylvania Electric Co., Jersey Central Power and Light und Metropolitan Edison Co. war am 30. Dezember 1978 – auf den steuerlich letzten Drücker – angeworfen worden. Am 28. März 1979, einem Mittwoch, um vier Uhr in der Früh wurde (so der Schlußbericht des Bonner Innenministeriums, das Experten an den Ort der Katastrophe entsandt hatte) der »Störfall durch eine Störung im Sekundärsystem, dem Ausfall der sekundärseitigen Speisewasserpumpen« ausgelöst. »Damit wurde gleichzeitig die Turbine abgeschaltet. Auslegungsgemäß öffnete ein Ablaßventil am Druckbehälter zur Absenkung des Drucks im Primärkreis, gefolgt von der Reaktorschnellabschaltung (7,2 Sekunden nach Störfalleintritt).«

Nach 45 Minuten begann der Reaktorkern heiß zu werden. Eine Reihe von Fehlern des Personals und technischen Pannen verschlimmerten die Lage. Es kam zwar nur teils zur Kernschmelze, aber in der Kuppel des Reaktor-Sicherheitsbehälters bildete sich eine explosive Mischung aus Wasserstoff und Sauerstoff (Knallgas) – etwas vollkommen Unerwartetes. Harold R. Denton, NRC-

Direktor, wunderte sich: »Für keinen Reaktor in der Geschichte des Atom-Programms ist diese Situation auch nur theoretisch analysiert worden.«

Die Knallgasblase war kein Auslegungsstörfall, wenn auch ein recht normales Ereignis: Eine beliebte Vorführung im Chemie- und Physikunterricht an Gymnasien ist die Erzeugung von Knallgas durch Erhitzen von Wasser mit dem Bunsenbrenner. Es währte fünf Tage, bis die Reaktorkuppel entgast war. Ob das die Ingenieure oder glückliche Zufälle bewerkstelligt haben, ist die bis heute offene Frage.

Am Vormittag des 28. März – Stunden nach Beginn der Störfallkette – wurde Katastrophenalarm gegeben. Im Umkreis von acht Kilometern wurden schwangere Frauen und Kinder unter sechs Jahren evakuiert, im Umkreis von 15 Kilometern die Leute über Radio und Fernsehen gemahnt, in ihren Häusern zu bleiben, Fenster und Türen dicht zu halten. Im 25 Kilometer entfernten Harrisburg (300000 Einwohner) wurden Schulen geschlossen. Die Leute belagerten Bankschalter, um sich mit Bargeld für die Flucht auszustatten. Autokolonnen verstopften die Ausfallstraßen.

200 Kilometer weiter in New York, wo gerade der Katastrophen-Film ›China Syndrom‹ in den Premierenkinos lief (er schildert den Verlauf eines GAUs, bei dem sich die Kernschmelze durch die Erde frißt – von USA gen China), wurden die Wetterberichte zur interessantesten Information: Weht der Wind von Harrisburg nach New York oder umgekehrt?

Der Beinahe-GAU versetzte der amerikanischen Atomwirtschaft einen schweren Schlag. 48 Reaktoren, die gebaut werden sollten oder kurz vor der Inbetriebnahme standen, wurden abbestellt. Kein neuer Auftrag kam danach herein. Die US-Atombehörde NRC ordnete die Stillegung von fünf Kernkraftwerken an, weil sie durch Erdbeben gefährdet seien, und im Dutzend wurden Reaktoren zur Überprüfung der Sicherheit abgeschaltet.

Alvin M. Weinberg, atomweltweit bekannter Nuklear-Pionier, prophezeite, wenn die Öffentlichkeit nicht wieder Vertrauen gewinne, werde es »mit dem Atomzeitalter zu Ende sein, sobald die Betriebsdauer der vorhandenen Kernkraftwerke abläuft«.

Der damalige Vorsitzende des Senatsunterausschusses für Reaktorsicherheit Gary Hart, der sich später um die demokratische Präsidentschaftskandidatur bewarb, urteilte: »Harrisburg hat die Kalkulationen, wie wirtschaftlich nukleare Energie ist, über den Haufen geworfen. Die Investoren müssen nun auch die Kosten lädierter Reaktoren bedenken, was bisher nie voll in Betracht gezogen worden ist.«

In der Bundesrepublik gab es große Aufregung. Professor Adolf Birkhofer, Vorsitzender der Reaktorsicherheitskommission, befürchtete, die deutschen Reaktoren seien nicht unbedingt gefeit gegen Störfälle wie Harrisburg. Aber Dr. Wolfgang Braun von der Reaktorbaufirma KWU versicherte ein paar Tage nach dem Ausbrechen des TMI 2, bevor noch die Experten vor Ort so recht wußten, wie alles abgelaufen war, so etwas könne in deutschen Kernkraftwerken nicht passieren.

Seither wird der verunfallte Reaktor Three Mile Island 2 entseucht. Dabei werden immer wieder mal natürlich »kontrollierte« Mengen von Radioaktivität in die Luft geblasen oder in den Susquehanna-River gespült. Auch einige Arbeiter sind schon übers Maß, angeblich aber nicht schwerwiegend, radioaktiv belastet worden. Der Abriß wird sich weit ins nächste Jahrzehnt hinziehen.

Nach der Sprachregelung der deutschen Sicherheitsexperten hat das Ereignis von Harrisburg nicht den Rang eines Un-, sondern nur den eines Störfalls. Und bald sprach man auch nicht mehr von Kernschmelze, sondern von »schneller Oxidation« und »energetischer Zerlegung«. Aber immerhin forderte die Reaktorsicherheitskommission kurz nach dem Störfall »entsprechende Überprüfung« der Anlagen KKS Stade, KWO Obrigheim, MZFR Karlsruhe und AKV Jülich. Verbesserungen seien geboten, die in der »nächsten Zeit realisiert werden sollten«. Angemerkt wurde, daß »wegen der Dringlichkeit vorab nur die wichtigsten Aspekte untersucht wurden und weitere Überprüfungsergebnisse gegebenenfalls noch nachgetragen werden«. Das Kernkraftwerk Mülheim-Kärlich (1220 Megawatt), das seit zehn Jahren in Arbeit ist, mußte umgeplant werden, weil es allzu sehr dem Unglücksmeiler bei Harrisburg glich.

Der Un- oder Störfall von Three Mile Island bei Harrisburg hat eine Reihe von Vorgängern, die kaum minder schwerwiegend waren:

- 1952 wurde der kanadische Versuchsreaktor NRX Chalk River, 350 Kilometer nordwestlich von Ottawa, überkritisch. Die Ursache waren verklemmte Brennstäbe. Vier Millionen Liter radioaktiv verseuchtes Kühlwasser ergossen sich in die Umwelt.
- 1955 ging in den USA der Renommier-Reaktor EBR 1 durch, der vier Jahre zuvor mit vier 200-Watt-Glühbirnen das Zeitalter der friedlichen Nutzung der Kernenergie eingeleuchtet hatte. Die Temperatur im Reaktor stieg auf mehr als 1000 Grad Celsius. Aber die Kernschmelze konnte gestoppt werden.
- 1957 wurde der britische Reaktor Windscale an der Irischen See überkritisch. Pläne, die Bevölkerung zu evakuieren, wurden improvisiert. Drei Tage währte es, bis das atomare Feuer einigermaßen unter Kontrolle gebracht werden konnte. 500 Quadratkilometer Umland wurden radioaktiv kontaminiert. Die Kuhmilch in der Umgebung, 150 Farmen waren betroffen, wurde von den Behörden aufgekauft und in die See geschüttet. Der Reaktor wurde einbetoniert. In jüngster Zeit machen Berichte Furore, nach denen die Krebssterblichkeit in der Region extrem hoch ist. Das gibt inzwischen auch die Regierung zu, die unter dem Druck der Öffentlichkeit Untersuchungen darüber in Auftrag gegeben hat.

- 1958 kam es zu einem zweiten schweren Störfall in dem kanadischen Forschungszentrum Chalk River. Der Reaktor NRU schaltete sich wegen Überhitzung automatisch aus. Aber die atomare Bestückung glühte weiter. Über drei Monate wurde bekämpft und entseucht. Sogar Straßen wurden abgetragen, über die Laster mit atomarem Müll gefahren waren.
- 1961 starb in dem Versuchsreaktor SL 1 (200 Kilowatt Leistung) bei Idaho Falls die Nachtschicht, drei Techniker. Ihre radioaktiv verseuchten Leichen mußten in Bleisärgen beerdigt werden. Die Ursache des Unfalls, für den es keine Augenzeugen gibt, waren vermutlich verklemmte Brennstäbe und ein Bedienungsfehler.
- 1966 geriet der Schnelle Brüter Enrico Fermi am Erie-See bei Detroit noch in der Erprobungsphase außer Kontrolle. Tagelang drohte eine Katastrophe, deren Ausmaß ein beteiligter Ingenieur dem Wissenschaftsautor John G. Fuller gegenüber mit dem lapidaren Satz »We almost lost Detroit« (wir hätten Detroit fast verloren) beschrieb. Acht Monate dauerte es, bis die Ursache ermittelt werden konnte: Ein handtellergroßes Stück Blech hatte sich irgendwo gelöst und vor eine Kühldüse gesetzt. 1970 sollte der Brüter wieder in einen Testlauf gehen. Aber es kam zu einer Natriumexplosion. Seit 1972 steht der Reaktor als strahlende Ruine am Erie-See. Er wird noch jahrhundertelang bewacht werden müssen.
- 1969 kam es in dem unterirdischen Forschungsreaktor Lucens (8,3 Megawatt) in der Schweiz zu einer teilweisen Kernschmelze. Bei einer Übertageanlage hätte daraus ein GAU werden können. Aber der Störfall konnte im Granitgebirge eingemauert werden.
- 1975 brach im Verteilerraum, über den die beiden 1100-Megawatt-Reaktoren des Atomkraftwerks Browns Ferry im US-Staat Alabama gesteuert wurden, ein Brand aus. Ein Elektriker hatte mit einer brennenden Kerze (routinemäßiger Flammtest) nach einer un-

dichten Stelle in einem Kabelschacht gesucht. Sieben Stunden währten die Bemühungen, das entzündete Isoliermaterial zu löschen. Währenddessen spielten Anzeigegeräte verrückt, standen Pumpen still und sprang ein Notstromdiesel von selber an. Die Reaktortechniker überstanden eine Gratwanderung.

Bilanz: Jedes zweite Jahr ein Fall, der sich durchaus zum GAU hätte auswachsen können. Aber das fällt unter »Restrisiko«. Alvin M. Weinberg sah 1977 voraus, daß im Jahr 2070 auf der Welt 24000 Kernkraftwerke in Betrieb sein würden, und dann würde es alle vier Jahre zu einem GAU kommen, aber die »Leute würden die radioaktive Strahlung als Teil des üblichen Lebensrisikos akzeptieren«. Wie könnten sie anders, wenn es soweit käme?

Die Sicherheitsforschung treibt groteske Blüten. Unter dem Titel ›Lebenszeitverkürzung – Zur ergänzenden Darstellung der Ergebnisse von Risikostudien‹ lassen sich Prof. Dr. J. Ehrhardt und Dr. A. Bayer vom Kernforschungszentrum Karlsruhe darüber aus, daß »nicht der Tod als solcher, sondern der Verlust an Lebensjahren der gesellschaftlich relevantere Indikator« sei.

Die Autoren über die ›Lebenszeitverkürzung nach unfallbedingten Strahlenexpositionen‹ in der Zeitschrift ›atomwirtschaft‹ im April 1983: »Für die Individuen als auch für die Gesamtheit der Bevölkerung ist das Auftreten von Früh- und Spätschäden von unterschiedlicher Bedeutung, da sich bei diesen beiden Schadensarten die Zeitpunkte des Ablebens relativ zum Zeitpunkt der Strahlenexposition stark voneinander unterscheiden. Während Frühschäden (Tod durch akutes Strahlensyndrom) relativ kurze Zeit (Wochen bis Monate) nach der Bestrahlung auftreten, liegt bei den somatischen Spätschäden (Tod durch Leukämie oder Krebs) der Zeitpunkt, zu dem der Tod eintritt, wegen der Verzögerung der Latenzzeit in späteren Lebensabschnitten. Folglich ist der Verlust an Lebensjahren infolge eines Frühschadens höher als bei Tod durch strahleninduzierten Krebs.«

Man könnte auch sagen: Wer gleich stirbt, lebt kürzer als jemand, der erst später ins Gras beißt. Aber so einfach kann es sich ein oder können es sich zwei Wissenschaftler nicht machen. Ehrhardt und Bayer belegen ihre These deshalb mit verschiedenen Formeln, Tabellen und grafischen Darstellungen und kommen in der Zusammenfassung zu der Erkenntnis: »Die Darstellung des Verlustes an Lebensjahren bietet die Möglichkeit, die im Rahmen von Risikostudien berechneten Mortalitätsrisiken in ergänzender Weise zu veranschaulichen . . .« Über die Verluste an Lebensfreude durch das qualvolle Sterben am Krebs verlieren die Autoren kein Wort.

Die Deutsche Bischofskonferenz hat sich im Juni 1981 unter Vorsitz von Kardinal Josef Hoeffner mit Atomenergie befaßt und verlautbart: »Die Gesprächsteilnehmer (Wissenschaftler, Vertreter der Elektrizitätswirtschaft, Politiker und Deutscher Bund Naturschutz) erzielten Einigkeit darüber, daß die technische Entwicklung gemäß dem Auftrag Gottes weiterhin gefördert werden muß. Dabei kann auch die Frage der friedlichen Nutzung der Kernenergie nicht ausgeklammert werden.«

## 13.
## Meldungshemmungen und Betriebsgeheimnisse

In der Bundesrepublik werden jährlich zwischen 140 und 200 sogenannte besondere Vorkommnisse in Atomkraftwerken registriert. Das sind Störfälle, die von den Betreibern den Aufsichtsbehörden bei den Länderregierungen gemeldet werden müssen. Das Bonner Innenministerium als oberste Aufsichtsbehörde führt darüber Buch.

Gemeldet wird nach drei Kategorien:

- A – sicherheitstechnisch potentielle, unmittelbare Gefahr
- B – potentielle, aber nicht unmittelbare Gefahr
- C – eingeschränkte Funktionssicherheit, aber keine potentielle, unmittelbare Gefahr.

Über die Einstufung entscheidet der Betriebsleiter vor Ort nach vorgegebenen Kriterien. In ›Umwelt – Informationen des Bundesministers des Innern‹ werden die Störfälle alle Jahre aufgelistet. Nach den ›Umwelt‹-Berichten hat es in den deutschen Kernkraftwerken noch nie einen Störfall gegeben, der hätte Besorgnis erregen können. Auf dem Weg durch die Instanzen vom Betriebsleiter des Kernkraftwerkes bis Bonn gerät das, was der Öffentlichkeit kundgetan wird, zu recht dürren Mitteilungen in ausgewogenem Verlautbarungsdeutsch.

Ein typisches Statement zur Sache, vorgebracht von Bundesinnenminister Friedrich Zimmermann: »Das Betriebsjahr 1982 hat den hohen Sicherheitsstandard der deutschen Kernkraftwerke und die Wirksamkeit der behördlichen Aufsicht erneut unter Beweis gestellt. Zweifel an der Sicherheit kernkrafttechnischer Einrichtungen sind damit erneut eindrucksvoll widerlegt worden.«

1982 haben sich laut Zimmermann 142 B- und C-Vorkommnisse ereignet, keines der Kategorie A. In 24 Fällen mußte die Leistung heruntergefahren oder der Reaktor abgeschaltet werden. Viermal kam es zu »erhöhter Aktivitätsabgabe«, die aber jeweils »kontrolliert« über die Kamine abgeführt wurde, durch die radioaktive Edelgase in die Luft geblasen werden. Und weil ja alles unter Kontrolle war, wurde auch niemand gefährdet. Auch für 1981 wurden nur harmlose Vorfälle – 152, darunter keiner der A-Klasse – vermeldet. Doch wenigstens einer war nach Auffassung der Projektgruppe Reaktorsicherheit beim Freiburger Öko-Institut gefährlicher, als die amtliche Darstellung vermuten ließ.

Am 12. Oktober 1981 fiel beim Block Biblis A durch eine Fehlschaltung in der Hochspannungsanlage der Transformator für den Eigenbedarf aus. Die Hauptkühlmittelpumpen standen still. Die Notstromdiesel sprangen an, und so konnten die Sicherheitspumpen in Gang kommen. Der Reaktor wurde abgeschaltet.

Aber all das funktionierte offenbar nicht rasch genug. Das Wasser im Reaktordruckbehälter, das die Brennstäbe umspült und die Hitze des atomaren Feuers abführt, verdampfte teilweise. Im oberen Teil des Reaktordruckbehälters bildete sich ein Dampfpolster, das den Umlauf des unter hohem Druck ansonsten noch flüssigen Kühlwassers einschränkte.

Nach inoffiziellen Informationen der Leute vom Öko-Institut war die Betriebsmannschaft von Biblis A von dem Ereignis, das bis dahin in den Sicherheitsanalysen gar nicht vorgesehen war, so beunruhigt, daß sie Hilfe anforderte. Ein Krisenstab rückte an, um den Kraftwerksmeistern beizustehen.

Was die Öko-Experten im Abseits der offiziellen Verlautbarungen ermittelt haben, wird von den Aufsichtsbehörden und dem Betreiber des Atommeilers, der RWE Rheinisch-Westfälische Elektrizitätswerke AG, nicht bestritten, nur mit Radio-Eriwan-Abers heruntergespielt. Tenor: Im Prinzip richtig, aber alles unter Kontrolle.

Im März 1982, fünf Monate nach dem Störfall, bedrängte ein Redakteur der ›Frankfurter Rundschau‹ das Bonner Innen- und das Wiesbadener Wirtschaftsministerium sowie die RWE mit Fragen, die sich aus den Öko-Recherchen ergaben. Er wurde beschieden, das »ganz normale Dampfpolster« sei berechenbar und beherrschbar gewesen. Die Eigenstromversorgung, deren Unterbrechung zu der Überhitzung im Reaktorkern geführt hatte, sei nur für Sekunden ausgefallen. Ein RWE-Sprecher gab die schlichte Auskunft: »Im Primärbereich hat es ein bißchen Überdruck gegeben. Da haben wir eben im Sekundärbereich ein paar Ventile geöffnet.« So wie die Hausfrau den Dampfkochtopf mal zischen läßt.

Ein Atom-Beaufsichtiger im Hessischen Wirtschaftsministerium urteilte: »Wenn die Notstromdiesel nicht funktioniert hätten, wäre es gefährlich geworden. Aber die werden ja wöchentlich kontrolliert.«

Freilich kommen gerade beim Anwerfen von Notstromdieseln häufig Pannen vor. In den Störfallisten des Bundesinnenministeriums stehen alle Jahre wenigstens ein Dutzend. Da geht es um defekte Kraftstoffpumpen, Ventile und Kabelanschlüsse, leckendes Kühlwasser, Risse in Zylinderköpfen, Heißlaufen, Kurbelwellenbruch und was sonst noch bis zum totalen Ausfall an einem Dieselmotor passieren kann, der einen Generator zur Stromerzeugung für den Notfall antreiben soll.

Im KWW Würgassen sind einmal alle vier Notstromaggregate nicht angesprungen, weil die Anlasserbatterien keinen Strom mehr hergaben – zum Glück bei einem Probelauf und nicht im Ernstfall. Im Block Biblis A hat schon mal der Ausfall der Dieselmotoren eine Reaktorschnellabschaltung (RESA) verursacht.

Als sich nach dem Dampfpolster-Fall in Biblis A die Rechercheure des Freiburger Öko-Institutes nach Einzelheiten erkundigten, schrieb ihnen der damalige Bundesinnenminister Gerhart Baum einen mehrere Seiten langen Brief mit dem Kernsatz: »Nach § 19 Abs. 1 Satz 3 Atomgesetz in Verbindung mit § 139 B Gewerbeordnung sind die amtlich zur Kenntnis gelangten Geschäfts- und Betriebsverhältnisse geheim zu halten.«

Soweit innerbetriebliche Geheimhaltung Informationen nach außen dringen läßt, kommen RESA oder TUSA (Turbinenschnellabschaltung) in den deutschen Kernkraftwerken 20- bis 25mal im Jahr vor. Im Schnitt fällt jeder Meiler zweimal im Jahr auf diese Weise aus. Eher zu selten, denn zu oft.

Im KKB Brunsbüttel gab es an einem Tag im Sommer 1978 eine Leckage an einer Frischdampfleitung. Der Reaktor war schon in den Monaten zuvor zum Schaden der Betreiber (HEW und NWK) mehrmals ausgefallen. Die RESA wurde vom Personal per Handschaltung aufgehoben. Über drei Stunden zischte radioaktiver Dampf ins Maschinenhaus. Dann schaltete sich der Reaktor doch von selber aus.

Das Bundesinnenministerium würdigte in seiner Störfalliste das Ereignis mit den drei trockenen Worten »Frischdampfleckage im Maschinenhaus«. Der Parlamentarische Staatssekretär Andreas von Schoeler wurde deutlicher: »Es zeigte sich, daß die Ursache für den Störfall vor allem auf vorschriftswidriges Verhalten von verantwortlichen Mitgliedern des Betriebspersonals zurückzuführen war. Dieses Fehlverhalten war kein Einzelfall, ist jedoch der behördlichen Aufsicht bis zu diesem Zeitpunkt offensichtlich entgangen.«

Der Unfall legte das KKB Brunsbüttel für zwei Jahre und vier Monate lahm. Als Anfang 1980 ein Bundestagsabgeordneter im Parlament die Frage stellte, warum der Reaktor immer noch nicht angeworfen werde, bekam er die Auskunft, inzwischen seien 150000 Liter radioaktiv verseuchtes Wasser ausgelaufen, und von Schoeler mokierte sich: »Die zunächst nur spärlich und mühsam erhältlichen Informationen über die näheren Umstände dieses Ereignisses waren unweigerlich dazu angetan, wiederum die Zuverlässigkeit der Betriebsmannschaft in Zweifel zu ziehen.«

Nicht nur in Brunsbüttel haben die Betriebsleiter Hemmungen, wenn es darum geht, Störfälle nach oben zu melden. Im KKI 1 Ohu kam es noch während des Probebetriebes Anfang 1978 zu einer Reihe von Schwierigkeiten, so zu einem Leitungsbruch, bei dem 200000 Liter radioaktives Wasser ausdampfte. Es brauchte vom Mittag des einen bis zum Nachmittag des nächsten Tages, 27 Stunden, bis die 90 Kilometer zur Landeshauptstadt München per Telefon überbrückt wurden, wo im Bayerischen Staatsministerium für Umweltfragen die Kernkraft-Aufseher schließlich von dem Unfall Kenntnis nehmen durften. Die knappe telefonische Durchsage stillte den Wissensdurst der Münchener Aufseher nicht. Sie bekamen abermals 24 Stunden später einen Telex-Bericht.

Die Kernkraftler in Ohu bestritten zunächst, daß sie radioaktiven Dampf abgelassen hätten, gaben dann aber zu, so etwas sei im Rahmen der zugelassenen Werte passiert. Bayerns Staatsminister für Umweltfragen, Alfred Dick, ließ zwei Tage nach dem Störfall einen Meßtrupp ausrücken, und er konnte dann die Bürger beruhigen, es sei »zu keiner Zeit ein nennenswerter Wert überschritten« worden. Auch ein Ausschuß des Bayerischen Landtages befaßte sich mit dem bösen Dampf und beschloß, daß ein solcher Fehler nicht wieder vorkommen dürfe. Sicherheit per Handhochstrecken. Für einen Hammelsprung war das Thema nicht kontrovers genug.

Was sich hinter den Mitteilungen über besondere Vorkommnisse verbirgt, deren Besonderheit regelmäßig darin liegt, daß niemand gefährdet worden sei, läßt sich nur erahnen. So störten laut offizieller Beschreibung beim KWW Würgassen einmal Rißschäden an der Turbinenwelle den Betrieb. Die Turbinen standen ein Jahr lang still. Kein Laie kann sich vorstellen, daß das außer für den Betreiber des Atomkraftwerkes unangenehm gewesen sein könnte. Aber der Münchener Professor Adolf Birkhofer, Lehrstuhl für Reaktordynamik und Reaktorsicherheit der Technischen Universität München, einer der Begründer der Reaktorsicherheitskommission (RSK), warnte intern: »Trotz der sehr geringen Auswirkungen auf die Umgebung handelte es sich hier um einen schwerwiegenden Störfall.« Denn bei Ausfall der Turbinen, die den atomar erzeugten Dampf abnehmen, kann der Reaktor überhitzt werden.

Welch banale Ereignisse ein Atomkraftwerk ins Schleudern bringen können, zeigt das Beispiel des KRB Gundremmingen A. Der 250-Megawatt-Reaktor hielt mit Müh und Not von 1966 bis 1977. In dieser Zeit hatte er 15 Störfälle. Den Garaus machte ihm ein Wetterumschlag. Am 13. Januar 1977 fiel Eisregen vom Himmel. Eine Hochspannungsleitung vereiste und riß unter der Last. Die Folge war eine Fehlschaltung, die 400 Kubikmeter radioaktives Kühlwasser im Sicherheitsbehälter des Reaktors auslaufen ließ.

Zwei Jahre lang hofften die Betreiber – RWE und Bayernwerk –, das Atomkraftwerk könnte wieder in Betrieb genommen werden. Doch es stellte sich heraus, daß die Reparaturen wenigstens 250 Millionen Mark kosten würden. Das aber war für den eh maroden Reaktor zu teuer. 1980 wurde deshalb die Genehmigung fürs Stillegen und Verschrotten eingeholt.

## 14.
## Mit Zitronensäure und Bimsstein gegen Strahlenrisiken

Atomkraftwerke haben die unangenehme Eigenschaft, daß sie von Jahr zu Jahr gefährlicher werden. Die radioaktiven Zerfallsprodukte der Brennelemente aktivieren und kontaminieren Stahl, Beton und anderes Material bis hin zu Pappkartons, in denen Ersatzteile in den verstrahlten, den sogenannten Kontrollbereich gebracht werden. Im Inneren eines 1300-Megawatt-Reaktors sammelt sich je Betriebsjahr so viel Radioaktivität an, wie 1000 Hiroshima-Bomben bei ihrer Explosion freisetzen würden.

Ingenieure und Techniker müssen beim Wechsel von Brennelementen, bei Revisionen, Reparaturen und den üblichen Tätigkeiten beim Betrieb des Reaktors im Kontrollbereich eine jährlich steigende Strahlungsintensität ertragen. Jeder Atomkraftwerker darf aber nach den aufgrund der Strahlenschutzverordnung erlassenen Richtlinien über Grenz- und Höchstwerte nur einer gewissen Jahresdosis ausgesetzt werden, damit er vor Krebs bewahrt bleibe und, wenn er nach getaner Arbeit seiner Frau beiliegt, keine Mutation zeuge.

Der Münchener Reaktorsicherheits-Professor Birkhofer befürchtete schon 1975, die mit der Betriebszeit zunehmende Verstrahlung der Reaktoren werde zur Folge haben, daß »für gleiche Arbeiten ständig steigende Gesamtdosen empfangen werden. Man ist daher gezwungen, Arbeiten, die hohe Gesamtdosen erwarten lassen, zunehmend von werksfremdem Personal ausführen zu lassen, um Überschreitungen der zulässigen Dosen beim eigenen Personal zu vermeiden. Abgesehen davon, daß damit dem eigenen Personal die aufgrund eigener Anschauung gewonnene Detailkenntnis der Anlage verloren gehen kann, wird durch diese Maßnahme das Problem nicht gelöst, sondern lediglich verlagert.«

Verlagert wird das Problem zum Beispiel, indem Hilfsarbeiter – jobbende Studenten und Arbeitslose – angeheuert werden. Sie scheuern Böden, Decken und Wände, um den Kontrollbereich so weit wie möglich zu entseuchen, bevor die Spezialisten anrücken, die nicht radioaktiv überlastet werden dürfen. Die Putzer müssen mitunter in Minutentakten arbeiten, damit sie nicht zuviel Strahlung abbekommen.

In einem modernen, großen Atomkraftwerk werden jährlich 1500 bis 2500 Mann »Fremdpersonal« für solche Arbeiten verschlissen. Insgesamt werden in der Bundesrepublik je Jahr bis zu 30000 und mehr derartiger Hilfsarbeiter be- und verstrahlt.

Nach offizieller Lesart ist für die Sicherheit gesorgt, weil ja die Strahlenbelastung ständig überwacht wird, die Leute in Schutzanzügen arbeiten und beim Ausschleusen aus den Kontrollbereichen dekontaminiert, entseucht, werden.

Zur 17. Jahrestagung des Fachverbandes für Strahlenschutz e. V. im Juni 1983 referierten Praktiker über den aktuellen Stand des Strahlenschutzes in Atomkraftwerken. In einem der Berichte heißt es: »Die Idee zu diesem Referat entstand, als wir versuchten, für unsere Strahlenschützer eine Anweisung zu erarbeiten, wie die Personendekontamination vor Ort abgewickelt werden sollte. Mit Erschrecken stellten wir fest, daß alle Veröffentlichungen immer wieder die Wiederholung einer Veröffentlichung von 1972 sind. Darüber hinaus widersprachen sich die neueren Veröffentlichungen mehrfach.

Bei festgestellter Kontamination der Hände wird z. B. in zwei verschiedenen Ausarbeitungen vorgeschlagen, die Hände mehrmals mehrere Minuten lang zu waschen, in einer anderen wird davon gesprochen, die Hände ein bis zwei Minuten, maximal dreimal, mit milder Seife zu waschen, und in einer Veröffentlichung fanden wir den Hinweis, die Hände doch zirka 15 bis 20 Minuten unter fließendem lauwarmen Wasser abzureiben.

Interessant wird es, wenn dann noch vorgeschlagen wird, mögliche Hautkontamination durch Bekleben mit Heftpflaster oder Tesafilm beim Abreißen zu entfernen. Einmal fanden wir den Hinweis, dies doch fünf- bis zehnmal zu wiederholen. Ein Praktiker machte uns den Vorschlag, doch vorher die Hautpartien behutsam zu rasieren ...

In einigen Veröffentlichungen wird darüber hinaus bei leichter Kontamination die Anwendung einer dreiprozentigen Zitronensäure empfohlen, in einer anderen wird es gar nicht erwähnt, und in einer dritten wird behauptet, daß die Anwendung von Zitronensäure nicht zu empfehlen sei ... Besonders interessant finden wir den Hinweis, bei einer Personen-Dekontamination die Ganzkörperdusche nicht anzuwenden ...«

Zitiert werden auch Ratschläge, die Radioaktivität mit Bimsstein oder Schleifpapier von der Haut abzukratzen. Der Kernsatz des Berichtes: »Der augenblickliche Informationsstand über Personen-Dekontamination ist gefährlich.« Und diese Feststellung wurde, wohlgemerkt, im Jahr 1983 getroffen.

Die Berichterstatter baten den Fachverband für Strahlenschutz e. V. darum, einen »Arbeitskreis Personen-Dekontamination in leichtwassergekühlten Reaktoranlagen« einzurichten. Da wird das verlagerte Problem abgelagert.

Im Verlagern von Problemen hat die Branche reichlich Erfahrungen. Weil die Entsorgung der Atomkraftwerke – sprich Endlagerung des atomaren Mülls in einheimischen Salzstöcken und anderen Bergwerken – seit Jahren nicht so recht in Gang kommen will, wurde das Problem per Sprachregelung gelöst. Früher einmal, in den siebziger Jahren, galt die Maxime, daß Atomstromwirtschaft nur weiter betrieben werden dürfe, wenn die Entsorgung gesichert sei. Inzwischen gilt als hinreichend, wenn »Entsorgungs*vorsorge*« getroffen wird, also Pläne geschmiedet werden.

Und Pläne gibt es jede Menge. Amerikanische Ver- und

Endlagerungsexperten haben vor Jahren herausgefunden, daß man den strahlenden Müll in pazifischen Gräben versenken könne, wo die Bruch- und Verwerfungsstellen der Erdkruste das Zeug auf Nimmerwiedersehen schlucken würden. Eine Variante dieser Endverlagerungstechnik beschreibt die Möglichkeit, den Atommüll mit Torpedos in die Tiefen der Weltmeere zu schießen, damit er dort in Sedimenten und Gestein verschwinde.

Sowjetische Entsorger wollen die gefährlichen Abfallprodukte der Atomwirtschaft mit Raketen ins Weltall schicken. Am billigsten käme das, so haben Experten errechnet, wenn die Container in einer Umlaufbahn bleiben würden, damit sie wie Satelliten die Erde umkreisen. Relativ preiswert wäre auch noch die Endlagerung auf dem Mond. Aber das paßt der Astronautik-Lobby nicht ins Konzept, die den Mond besiedeln will, um die dort vermuteten Rohstoffe zu erschließen. Teuerer würde es werden, wollte man die Atommüll-Raketen in die Sonne oder aus unserem Sonnensystem hinaus schießen.

Phantastische Ideen. Sie könnten von Jules Verne oder Hans Dominik sein, den Klassikern der Science-Fiction-Literatur. Doch sie wurden alle schon mit der Ernsthaftigkeit untersucht, die wissenschaftliche Arbeit erfordert, und das Atomstrom-Werbemagazin ›aktionsReport‹ berichtete noch 1983 über die Entsorgung per Astronautik, als ob sie wahr werden könnte – nur mit der kleinen Einschränkung, daß »deutsche Wissenschaftler . . . dieser Lösung keine Chance« geben und das Bonner Forschungsministerium befürchtet, die Kosten würden zu hoch und die Raketen könnten mitunter, anstatt zu den Sternen zu entschwinden, auf die Erde fallen.

Der US-Nuklear-Pionier Weinberg will den strahlenden Müll irgendwo auf der Erde bis zum Ende aller Halbwertzeiten endlagern und von einer atomaren Priesterschaft hüten lassen, damit spätere Generationen keinen Schaden leiden. Nur muß noch irgend jemand die Zusage der kommenden Generationen einholen, daß sie die

Weinberg-Priester ernähren und ihren Auftrag respektieren werden.

Nach einem jüngsten Plan soll die Entsorgung in die Wüste Gobi verlagert werden. Im Ernst haben darüber schon deutsche Atommüll-Experten mit der Regierung in Peking verhandelt. Die Volksrepublikaner zeigen sich geneigt, diesen ihren unwirtlichsten Landesteil zum Atommüllplatz zu machen, um so Devisen zu erwirtschaften. Die US-Regierung aber hat Bedenken: Die Chinesen könnten aus Entsorgung eine Versorgung machen, indem sie Plutonium für Atombomben abzwacken.

Wenn Otto Hahn geahnt hätte, was er anzettelte, als er Ende der dreißiger Jahre an seinem kleinen hölzernen Arbeitstisch die Spaltung der Atome entdeckte ... Der Tisch steht heute im Deutschen Museum in München.

## 15.
## Exkurs über einen gemeinnützigen Verein

Im Mai 1983 hatte die Fachzeitschrift ›atomwirtschaft‹ für ihre Leser eine gute Nachricht: »Alle in den Gremien des Deutschen Atomforums mitwirkenden Bundestagsabgeordneten sind wiedergewählt worden:

Mitglieder des Präsidiums: Prof. Dr. Karlhans Laermann (F. D. P., Landesliste Nordrhein-Westfalen), Christian Lenzer (CDU, Lahn-Dill-Kreis), Karl Heinz Spilker (CSU, Altötting).

Mitglieder des Verwaltungsrates: Dr. Carl Otto Lenz (CDU, Bergstraße), Dr. Albert Probst (CSU, Freising), Dr. Ulrich Steger (SPD, Recklinghausen 2), Adolf Stockleben (SPD, Landesliste Niedersachsen). Arbeitskreise: Dr.-Ing. Paul Laufs (CDU, Waiblingen), Dr. Josef Bugl (CDU, Landesliste Baden-Württemberg), Ludwig Gerstein (CDU, Landesliste Nordrhein-Westfalen).«

Das Deutsche Atomforum wurde im Mai 1959 als Dachverband von vier Organisationen gegründet, die sich bis dahin jede für sich bemühten, den Aufbruch der deutschen Wirtschaft ins Atomzeitalter zu fördern. Es waren

- die Physikalische Studiengesellschaft Düsseldorf mbH; Gesellschafter: 16 deutsche Industrieunternehmen
- die Arbeitsgemeinschaft für Kerntechnik der Technisch-Wissenschaftlichen Vereine, Düsseldorf, ein Zusammenschluß von 40 Vereinen und Verbänden
- die Deutsche Gesellschaft für Atomenergie e. V., Bonn, der vor allem Parlamentarier angehörten
- der Verein »Atom für den Frieden e. V.«, München, in dem Industrieunternehmen und bayerische öffentliche Stellen zusammenwirkten.

Anfang 1961 schon wurde aus dem Dachverband ein eingetragener Verein, in dem die vier Gründerorganisationen aufgingen. Das Ziel des Forums ist, so der Jahresbericht 1983 zum 25jährigen Bestehen, »alle Bestrebungen zu fördern, die mit der Entwicklung und Verwendung der Atomkernenergie zu friedlichen Zwecken zusammenhängen«, und es »versteht sich als Berater der Politik mit der Aufgabe, den Sachverstand seiner Mitglieder in geeigneter Form für die politische Willensbildung nutzbar zu machen«.

Dem Deutschen Atomforum gehören 258 Einzelmitglieder an – darunter auch Hans-Dietrich Genscher, der als Bundesinnenminister früher oberster Aufsichtsherr der Atomwirtschaft war –, 109 Firmen, 55 Verbände und Vereine, Forschungsinstitute und -gesellschaften, zwölf öffentliche Körperschaften. Insgesamt sind es 434 Mitglieder.

Der Verein, der die steuerlichen Vorteile der Gemeinnützigkeit genießt, »kann und will ... nicht die wirtschaftlichen Interessen seiner Mitglieder vertreten, (er) ist, wie die Satzung ausdrücklich sagt, kein Wirtschaftsverband und vertritt nicht die Interessen einzelner Wirtschaftszweige«.

Wie wahr, der eingetragene, gemeinnützige Verein pflegt nicht die Interessen »einzelner Wirtschaftszweige«. Er ist das Forum mächtiger Konzerne, die gemeinsame Interessen verfolgen – nämlich die Erhaltung und den weiteren Ausbau der Atomwirtschaft.

Zu den 109 Unternehmen, die Mitglieder des Deutschen Atomforums sind, zählen natürlich

- die großen Stromversorger, die Atomkraftwerke betreiben
- die Reaktorbauer und die Firmen, die das Geschäft der Versorgung mit atomarem Brennstoff betreiben
- die Gesellschaften, die zwischenlagern, die Wiederaufbereitung und Endlagerung planen, damit irgendwann aus der Entsorgungsvorsorge etwas werden möge, das wenigstens auf dem Papier und nach den Paragraphen nach »gesicherter Entsorgung« ausschaut.

Diese Firmen sind durch vielfältige Beteiligungen miteinander verbunden und verflochten. Weitere Mitglieder sind:

- die Elektrokonzerne AEG-Telefunken AG, Brown, Boveri & Cie. AG und Siemens AG
- die Chemiehersteller Bayer AG, Hoechst AG und Wacker Chemie GmbH
- die Bauunternehmen Dyckerhoff & Widmann AG und Hochtief AG
- Maschinen- und Anlagenbau wie Gutehoffnungshütte Sterkrade, Krupp Industrietechnik GmbH, Mannesmann Anlagenbau AG, Mannesmann Röhrenwerke AG und Maschinenfabrik Augsburg-Nürnberg AG (M.A.N.)
- die Allianz-Versicherungs-AG, der Gerling-Konzern Allgemeine Versicherungs-AG, die Kölnische Rückversicherungsgesellschaft und die Münchner Rückversicherungsgesellschaft
- die Bank für Gemeinwirtschaft AG, die Commerzbank AG, die Deutsche Bank AG und die Dresdner Bank AG.

Kaum eine gute Adresse der deutschen Wirtschaft fehlt im Mitgliederverzeichnis des Atomforums. Auch die Daimler-Benz AG und die Volkswagenwerk AG unterstützen als Mitglieder den Vereinszweck.

Unter den 55 Verbänden und Vereinen, Forschungsinstituten und -gesellschaften finden sich so angesehene wie

- das Frankfurter Battelle-Institut, nach dessen Gutachten Atomstrom besonders billig ist
- die Deutsche Gesellschaft für Luft- und Raumfahrt, die Kernforschungsanlage Jülich GmbH, das Kernforschungszentrum Karlsruhe GmbH und die Max-Planck-Gesellschaft zur Förderung der Wissenschaft, die Auftragsforschung betreiben, die von der Atomwirtschaft und aus Forschungsgeldern bezahlt wird
- die Berufsgenossenschaften der Chemischen Industrie und der Feinmechanik und Elektrotechnik, die deut-

sche Bunsengesellschaft für Physikalische Chemie, die Deutsche Gesellschaft für chemisches Apparatewesen, die Deutsche Gesellschaft für Mineralölwissenschaft und Kohlechemie

- der Verband der Chemischen Industrie, der Verband deutscher Elektrotechniker, der Verband deutscher Maschinen- und Anlagenbauer, der Verein Deutscher Ingenieure
- die Vereinigung der Technischen Überwachungsvereine, der Dachverband aller TÜV, zu deren Aufgaben es auch gehört, die Sicherheit von Atomkraftwerken zu überwachen.

Aus der euphorischen Aufbruchszeit in die Atomwirtschaft ist auch ein Club übriggeblieben, der als »Fördergesellschaft für Atomluftschiffbau und Atomluftschifffahrt« firmiert, seinen Sitz in Lübeck hat und bis heute Mitglied des Deutschen Atomforums ist.

Folgende öffentliche Körperschaften sind per Mitgliedschaft dem Vereinszweck verpflichtet:

- das Bundesministerium für Forschung und Technologie, das aus Steuergeldern Atomforschung finanziert
- die Deutsche Bundesbahn, die an der Gemeinschafts-Kraftwerk Neckar GmbH beteiligt ist, die das GKN 1 Neckarwestheim betreibt
- das Landratsamt Günzburg, in dessen Amtsbereich bei Gundremmingen das stillgelegte KRB-A auf die endgültige Entsorgung wartet und die beiden Reaktoren KRB-B und -C betrieben werden
- die Wirtschaftsministerien der Länder Baden-Württemberg, Bayern, Berlin, Hessen, Niedersachsen, Nordrhein-Westfalen, Rheinland-Pfalz und Schleswig-Holstein
- die Physikalisch-Technische Bundesanstalt in Braunschweig, die über die Sicherheit von Zwischen- und Endlagern zu gutachten hat.

Bundes- und Landesbehörden entsenden gern hochgestellte Beamte zur Mitwirkung in die Arbeitskreise des

Deutschen Atomforums. So gehört der Ministerialdirigent Dr. M. Popp, im Bonner Forschungsministerium Unterabteilungsleiter für Kernenergie und Energieforschungsprogramme, dem Arbeitskreis Technik und Industrie sowie der Arbeitsgruppe Energiesysteme an. Popp schreibt außerdem regelmäßig in der Zeitschrift ›atomwirtschaft‹ über die Vorzüge der Atomtechnik. Dieses Fachblatt erscheint im Verlag Handelsblatt GmbH, Düsseldorf, der dem Deutschen Atomforum als Firmenmitglied angehört.

Autorenfleiß hat das Atomforum dringend nötig. Im Jahresbericht 1983 wird geklagt: »Für die gemeinnützige Aufgabe des Deutschen Atomforums, die friedliche Nutzung der Kernenergie in der Bundesrepublik Deutschland zu fördern, besteht . . . auch weiterhin ein großes Bedürfnis. In der Öffentlichkeit ist die Vertrauensbasis für die Kernenergie noch nicht breit und tief genug.«

Dr. Dorothee Wilms, Bundesministerin für Bildung und Wissenschaft, will schon bei den Kindern mit der Vertrauenswerbung ansetzen. Um die Jugend »an die verantwortete Technik und ihre Weiterentwicklung heranzuführen«, forderte sie auf der Internationalen Wintertagung 1983 des Forums eine »Überprüfung der Lehr- und Lerninhalte der Schulen«. Ganz im bildungspolitischen Sinn der Bundesministerin veranstaltet das Forum Wettbewerbe für Schülerzeitschriften zum Thema »Energie – heute und morgen«.

Die »Journalisten-Informationsfahrten« wie 1983 für »Lokalredakteure, Journalisten aus dem Bereich der Evangelischen Kirche sowie mit den Mitarbeitern der Informationszentren bei Kernkraftwerken« gelten den Werbestrategen des Atomforums mittlerweile als »Markenzeichen«.

Von der Informations-Touristik der Atomlobby profitieren auch Volksvertreter im Bonner Parlament und in den Landtagen sowie Gemeinderäte und Dorfbürgermeister aus Landstrichen, in denen Standorte für nukleartechnische Anlagen gesucht werden. Beliebtes Ausflugsziel: Die Bretagne – weltweit bekannt für gute, deftige Küche und Apfelschnaps sowie für die öfters schon mal undichte Wiederaufbereitungsanlage für Atombrennstoff der französischen Staatsfirma Cogéma am Cap de la Hague.

Auch der Salzstock Asse II und das Erzbergwerk Konrad werden informations-touristisch erschlossen. Dort soll der Schrott von morgen, die strahlenden Überreste stillgelegter Atomkraftwerke, in die Grube fahren.

# Anhang

## Adressen von Atompolitik, Atomforschung, Atomwirtschaft

### 1. Behörden und staatliche Einrichtungen

Bundesministerium für Forschung und Technologie (BMFT)
Heinemannstr. 2, 5300 Bonn 2
Tel.: (0228) 591

Bundesministerium des Innern (BMI)
Graurheindorfer Str. 198, 5300 Bonn 1
Tel.: (0228) 6811

Bundesminister für Wirtschaft (BMWi)
Villemombler Straße 76, 5300 Bonn-Duisdorf
Tel.: (0228) 615-1

Reaktor-Sicherheitskommission (RSK)
Geschäftsstelle: in der Gesellschaft für Reaktorsicherheit (GRS) GmbH
Schwertnergasse 1, 5000 Köln 1
Tel.: (0221) 20680

Strahlenschutzkommission (SSK)
Geschäftsstelle: in der Gesellschaft für Reaktorsicherheit (GRS) mbH
Schwertnergasse 1, Postfach 101650, 5000 Köln 1
Tel.: (0221) 20680

### 2. Ausschüsse des Deutschen Bundestags

Ausschuß für Bildung und Wissenschaft
Bundeshaus, 5300 Bonn 12
Tel.: (0228) 162866

Ausschuß für Forschung und Technologie
Bundeshaus, 5300 Bonn 12
Tel.: (0228) 162861

Ausschuß für Wirtschaft
Bundeshaus, 5300 Bonn 12
Tel.: (0228) 162174
Innenausschuß
Bundeshaus, 5300 Bonn 12
Tel.: (0228) 162858

3. Staatliche Forschungsinstitute

Arbeitsgemeinschaft der Großforschungseinrichtungen (AGF)
Geschäftsstelle: Ahrstraße 45, 5300 Bonn-Bad Godesberg (Bonn 2)
Tel.: (0228) 37674-1
Gemeinsame Informationsstelle zur Nuklearen Entsorgung Bund-Land
Drawehner Straße 19, 3130 Lüchow
Tel.: (05841) 916
Gesellschaft für Strahlen- und Umweltforschung mbH München-Neuherberg (GSF)
Ingolstädter Landstr. 1, 8042 Oberschleißheim
Tel.: (089) 31870
Gesellschafter: Bund und Freistaat Bayern
GKSS-Forschungszentrum Geesthacht GmbH
Postfach 1160, 2054 Geesthacht, Max-Planck-Str.
Tel.: (04152) 121
Gesellschafter: Bund, Küstenländer (Bremen, Hamburg, Niedersachsen, Schleswig-Holstein) und private Gesellschafter
Hahn-Meitner-Institut für Kernforschung Berlin GmbH (HMI)
Glienicker Str. 100, 1000 Berlin 39
Tel.: (030) 80091
Gesellschafter: Bund (90%), Berlin (10%)
Kernforschungsanlage Jülich GmbH (KFA)
Postfach 1913, 5170 Jülich 1
Tel.: (02461) 610
Gesellschafter: Bund (90%), Land Nordrhein-Westfalen (10%)
Kernforschungszentrum Karlsruhe GmbH (KfK)
Stadtbüro: Weberstr. 5, Postfach 3640, 7500 Karlsruhe 1

Wissenschaftlich-technische Einrichtungen:
7514 Eggenstein-Leopoldshafen
Tel.: Linkenheim (07247) 821
Gesellschafter: Bund (90%), Land Baden-Württemberg (10%)

Physikalisch-Technische Bundesanstalt (PTB)
Bundesallee 100, 3300 Braunschweig
Tel.: (0531) 5920

## 4. Organisationen und Vereine

Aktionsgemeinschaft für Energiesicherung und Kerntechnik (AEK) e. V. Alzenau
Strahlenberger Str. 123–125, 6050 Offenbach
Tel.: (0611) 883309

Aktionskreis Energie e. V.
Hausdorffstraße 137, 5300 Bonn 1
Tel.: (0228) 230048/49
Aufklärung der Bevölkerung über Probleme der Energiesicherung und -versorgung. Abbau von Ängsten gegenüber der Kernenergie. Öffentlichkeitsarbeit durch Einsatz von Medienbussen, Informationsständen und Veranstaltungen.

Bundesverband Bürgerinitiativen Umweltschutz e. V. (BBU)
Friedrich-Ebert-Allee 120, 5300 Bonn 1
Tel.: (0228) 233099

Deutsche Kernreaktor-Versicherungsgemeinschaft (DKVG)
Sedanstr. 8, 5000 Köln 1
Tel. (0221) 720761

Deutsches Atomforum e. V. (DAtF)
Heussallee 10, 5300 Bonn 1
Tel.: (0228) 5071
434 Mitglieder, davon 109 Firmen, 55 Verbände, 12 öffentliche Körperschaften

Fachverband für Strahlenschutz e. V. (FS)
Mitgliedsgesellschaft der International Radiation Protection Association (IRPA) für die Bundesrepublik Deutschland und die Schweiz
Sekretariat: CH-5303 Würenlingen, Schweiz
Tel.: (056) 992111, direkt 992350

Gesellschaft für Reaktorsicherheit (GRS) mbH
Schwertnergasse 1, 5000 Köln 1
Tel.: (0221) 2068–0
8046 Garching bei München
Tel.: (089) 320040

Hochtemperatur-Helium-Versuchsanlage-Betriebsgesellschaft mbH Jülich
Stetternicher Staatsforst, 5170 Jülich
Tel.: (02461) 614711
Gesellschafter: Nordwestdeutsche Kraftwerke AG, Preußische Elektrizitäts AG, Rheinisch-Westfälisches Elektrizitätswerk AG, Badenwerk AG
Gesellschaft für den Betrieb der Hochtemperatur-Helium-Versuchsanlage (HHV)

Informationskreis Kernenergie (IK)
Heussallee 10, 5300 Bonn 1
Tel.: (0228) 5071

Kernenergie-Studiengesellschaft (KEST), Studiengesellschaft zur Förderung der Kernenergieverwertung in Schiffbau und Schiffahrt e. V.
Raboisen 38–40 VI., 2000 Hamburg 1
Tel.: (040) 338082/83

Kerntechnische Gesellschaft e. V. (KTG)
Heussallee 10, 5300 Bonn 1
Tel.: (0228) 507259

Kerntechnischer Ausschuß (KTA)
Geschäftsstelle: Schwertnergasse 1, 5000 Köln 1 (bei der Gesellschaft für Reaktorsicherheit mbH)
Tel.: (0221) 2068244/245

Max-Planck-Institut für Plasmaphysik (IPP)
8046 Garching bei München
Tel.: (089) 32991

Normenausschuß Kerntechnik (NKe) im DIN Deutsches Institut für Normung e. V.
Burggrafenstr. 4–10, 1000 Berlin 30
Tel.: (030) 2601-701

Öko-Institut
Schönauer Straße 6, 7800 Freiburg
Tel.: (0671) 36439

TÜV-Arbeitsgemeinschaft Kerntechnik West (TÜV-Arge KTW)
Graf-Adolf-Pl. 6, 4000 Düsseldorf
Tel.: (0211) 370271
Gesellschafter: Rheinisch-Westfälischer Technischer Überwachungs-Verein e. V., Technischer Überwachungs-Verein Rheinland e. V.

TÜV-Leitstelle Kerntechnik bei der VdTÜV
(bei der Vereinigung der Technischen Überwachungs-Vereine e. V.)
Kurfürstenstr. 56, 4300 Essen
Tel.: (0201) 81110
Mitglieder: 8 Technische Überwachungs-Vereine, Gesellschaft für Reaktorsicherheit (GRS)

Vereinigung Deutscher Elektrizitätswerke e. V. (VDEW)
Stresemannallee 23, Postfach 700947, 6000 Frankfurt 70
Tel.: (0611) 6304-1

VGB Technische Vereinigung der Großkraftwerksbetreiber e. V.
Klinkestr. 27–31, 4300 Essen
Tel.: (0201) 81281

Wirtschaftsverband Kernbrennstoff-Kreislauf e. V.
Adenauerallee 90, 5300 Bonn 1
Tel.: (0228) 213206
Mitgliedsfirmen: ALKEM, BBR, Bleiwerk Goslar, Brennelementlager Gorleben (BLG), Reederei und Spedition »Braunkohle«, CENTEC, Deutsche Gesellschaft zum Bau und Betrieb von Endlagern für Abfallstoffe (DBE), DWK, EXXON Nuclear, GNS, INTERATOM, KEWA, KWU, Lahmeyer International (LI), M. A. N.-URANIT Gronau (M. U. G.), NIS, NTL, NUKEM, NVD, RBU, Rohstoff-Einfuhr, Saarberg-Interplan Uran, STEAG, Transnuklear (TN), Pechiney Deutschland, Uranerzbergbau (UEBG), Urangesellschaft (UG), URANIT, WAK
Der Verband fördert die Belange seiner Mitglieder auf dem Gebiet des nuklearen Brennstoffkreislaufs

## 5. Hersteller von Reaktoren, Zubehör und Brennelementen und Anbieter von Dienstleistungen

ALKEM GmbH
Industriegelände, Postfach 110069, 6450 Hanau 11 (Wolfgang)
Tel.: (06181) 58–0
Gesellschafter: Kraftwerk Union AG (60%), NUKEM GmbH (40%)
Plutoniumhaltige Brennelemente

Brennelementlager Gorleben GmbH
3131 Gorleben
Tel.: (05882) 100
Gesellschafter: Deutsche Gesellschaft für Wiederaufarbeitung von Kernbrennstoffen mbH

Brown Boveri Reaktor GmbH (BBR)
Dudenstr. 44, 6800 Mannheim 1
Tel.: (0621) 3880
Gesellschafter: Brown, Boveri & Cie. AG (BBC), Mannheim, und BBC AG Brown, Boveri & Cie., Baden (Schweiz) 100%

CENTEC Gesellschaft für Centrifugentechnik mbH
Frankenforster Str. 21, Postfach 100203, 5060 Bergisch Gladbach 1
Tel.: (02204) 61047
Gesellschafter (zu je ⅓): UCN (Niederlande), BNFL (Großbritannien), GnV (BRD)

Deutsche Gesellschaft für Wiederaufbereitung von Kernbrennstoffen mbH (DWK)
Hamburger Allee 4, Hochhaus Lister Tor, Postfach 1407, 3000 Hannover 1
Tel.: (0511) 3390-0
Gesellschafter: Rheinisch-Westfälisches Elektrizitätswerk AG (31%), Norddeutsche Gesellschaft zur Beratung und Durchführung von Entsorgungsaufgaben bei Kernkraftwerken mbH (30%), Gesellschaft zur Durchführung der Entsorgung von Kernkraftwerken mbH (28%), Bayernwerk AG (3%), Neckarwerke Elektrizitätsversorgungs-AG (3%), Technische Werke der Stadt Stuttgart AG (2%), Isar-Amperwerke AG (2%), Elektromark Kommunales Elektrizitätswerk Mark AG (1%)

Deutsche Gesellschaft zum Bau und Betrieb von Endlagern für Abfallstoffe mbH (DBE)
Woltorfer Str. 74, 3150 Peine 1
Tel.: (05171) 43-1
Gesellschafter: Industrieverwaltungsgesellschaft mbH, Bonn; Saarberg-Interplan Gesellschaft für Rohstoff-, Energie- und Ingenieurtechnik mbH, Saarbrücken; Gg. Noell GmbH, Würzburg (zu je ⅓)

EXXON Nuclear G. m. b. H.
Pollersand – Industriepark Süd, Am Seitenkanal 1, Postfach 1465, 4450 Lingen (Ems)
Tel.: (0591) 88-0
Gesellschafter: EXXON Nuclear Company Inc. (USA)
Herstellung, Transport, Import, Export, Bearbeitung und Verkauf von Nuklear-Brennstoffen und Zubehör

Gewerkschaft Brunhilde
Buschhof, Postfach 1120, 3162 Uetze (Hann.)
Hauptverwaltung, Abt. Prospektion und Elektronik
Tel.: (05173) 871, 872
Prospektion von Uranerz
Uranerzgruben: Mähring, Höhenstein, Menzenschwand
Urananlage Ellweiler
An der Bundesstraße 41 (Steinautal), 6588 Birkenfeld (Nahe)
Tel.: (06782) 1227, 1228
Verarbeitung von Uranerzen und Halbkonzentraten (Ellweiler); Verarbeitung von Armerzen durch Haufenlaugung (Mähring), Reinigung bzw. Klärung kontaminierter Abwässer

GHT Gesellschaft für Hochtemperaturreaktor-Technik mbH
Friedrich-Ebert-Str., Postfach, 5060 Bergisch Gladbach 1 (Bensberg)
Tel.: (02204) 840
Gesellschafter: INTERATOM (100%)

GNS Gesellschaft für Nuklear-Service mbH
Goethestr. 88, 4300 Essen 1
Tel.: (0201) 7220-0
Gesellschafter: Steag-Ke (45%), VEBA Kraftwerke Ruhr (27,5%), Deutsche Gesellschaft für Wiederaufarbeitung von Kernbrennstoffen (27,5%)
Beseitigung radioaktiver Abfälle aus Kernkraftwerken, Transport von radioaktiven Stoffen und damit zusammen-

hängende Dienstleistungen, Waste Service, Entwicklung von Transport- und Lagerbehältern für abgebrannte Brennelemente und radioaktive Abfälle

GnV Gesellschaft für nukleare Verfahrenstechnik mbH
Friedrich-Ebert-Str., Postfach, 5060 Bergisch-Gladbach 1 (Bensberg)
Tel.: (02204) 483000
Gesellschafter: INTERATOM, MAN (je 50%)

GZA Gesellschaft zur Zwischenlagerung schwach- und mittelradioaktiver Abfälle mbH
Blutenburgstr. 6, Postfach 200340, 8000 München 2
Tel.: (089) 12541
Gesellschafter: Bayernwerk AG (75%), Isar-Amperwerke AG (25%)

HOBEG, Hochtemperaturreaktor-Brennelement GmbH
Postfach 110029, 6450 Hanau 11
Tel.: (06181) 58-0
Gesellschafter: NUKEM

Hochtemperatur-Reaktorbau GmbH (HRB)
Gottlieb-Daimler-Str. 8, Postfach 5360, 6800 Mannheim 1
Tel.: (0621) 4511
Gesellschafter: Brown, Boveri & Cie. AG, Mannheim (55%), General Atomic Europe Development Corporation AG, Glarus (Schweiz) (45%)

Hochtemperaturreaktor-Gesellschaft mbH (HRG)
Tresckowstr. 5, 3000 Hannover 91
Tel.: (0511) 439-1
Gesellschafter: Hamburgische Electricitäts-Werke AG, Hamburg, Hochtemperaturreaktor-Planungsgesellschaft mbH, Düsseldorf, Neckarwerke Elektrizitätsversorgungs-AG, Esslingen, Nordwestdeutsche Kraftwerke AG, Hamburg, Preußische Elektrizitäts-AG, Hannover, Rheinisch-Westfälisches Elektrizitätswerk AG, Essen, Walsum Energie- u. Bergwerksgesellschaft AG, Essen, VEBA Kraftwerke Ruhr AG, Gelsenkirchen-Buer
Förderung der Weiterentwicklung der Hochtemperatur-Reaktor-Technik zur Stromerzeugung sowie der etwaige Bau und Betrieb eines Demonstrationskraftwerkes mit Hochtemperaturreaktor

INB Internationale Natrium-Brutreaktor-Bau-Gesellschaft mbH
Friedrich-Ebert-Str., Postfach, 5060 Bergisch Gladbach 1 (Bensberg)
Tel.: (02204) 840
Gesellschafter: INTERATOM Internationale Atomreaktorbau GmbH (70%), B. V. Neratoom (15%), Belgonucléaire S. A. (15%)
Bau des Prototyp-Brüterkernkraftwerks Kalkar mit Natriumkühlung (SNR-300), Planung des Nachfolgekraftwerkes (SNR-2)

INTERATOM GmbH
Friedrich-Ebert-Str., Postfach, 5060 Bergisch Gladbach 1 (Bensberg)
Tel.: (02204) 840
Gesellschafter: Kraftwerk Union AG
Programm: Natriumgekühlte schnelle Brutreaktoren (KNK II, SNR-300); gasgekühlte Hochtemperaturreaktoren in Modulbauweise zur Erzeugung von Prozeßwärme und elektrischer Energie; integrierte Druckwasserreaktoren kleiner und mittlerer Leistung für Schiffsantrieb, Stromerzeugung und Meerwasserentsalzung; Forschungs- und Versuchsreaktoren (u. a. TRIGA, MPR 30); Ausrüstungen für Forschungszentren, Uran-Anreicherungsanlagen nach dem Gaszentrifugen- und dem Trenndüsenverfahren; Sonnenkraftwerke nach dem Turmkonzept, Photovoltaische Systeme, Niedertemperatur-Solarsysteme, Systeme zur rationellen Energieverwendung; Entwicklungsarbeiten zur kontrollierten Kernfusion; Auftragsforschung; Ingenieurservice; Entwicklung und Eigenfertigung von nuklearen Anlagen und von Spezialkomponenten und -meßgeräten, insbesondere für den Einsatz bei hohen Temperaturen und in aggressiven Medien

Kenntnisverwertungsgesellschaft Schnelle Brutreaktoren GmbH (KVG)
Friedrich-Ebert-Str., Postfach, 5060 Bergisch Gladbach 1 (Bensberg)
Tel.: (02204) 840
Gesellschafter: INTERATOM (51%), KfK (19%), Belgonucléaire (15%), Neratoom (15%)

Kerntechnische Hilfsdienst GmbH
7514 Eggenstein-Leopoldshafen
Tel. (Geschäftsleitung): (07247) 86401
Gesellschafter: Kernkraftwerk-Betriebsges. mbH (60%), Kerntechnische Hilfsdienst Beteiligungsgesellschaft GbR (KHBG) (22,6%), Kernforschungszentrum Karlsruhe GmbH (17,4%)

KEWA Kernbrennstoff-Wiederaufarbeitungstechnik GmbH
Hamburger Allee 4, Postfach 3245, 3000 Hannover 1
Tel.: (0511) 3390-0
Gesellschafter: DWK

Kraftwerk Union AG (KWU)
Fabrik, Technik, Service Turbosätze Mülheim:
Wiesenstr. 35, Postfach 10 11 53, 4330 Mülheim a. d. Ruhr
Tel.: (0208) 456-1
Fabrik, Technik, Service Turbosätze Berlin:
Huttenstr. 12–16, 1000 Berlin 21
Tel.: (030) 348011
Vertrieb und Kraftwerkstechnik, Reaktoren:
Hammerbacher Str. 12 + 14, Postfach 3220, 8520 Erlangen
Tel.: (09131) 18-0
Vertrieb und Kraftwerkstechnik, Reaktoren:
Berliner Str. 295–303, Postfach 962, 6050 Offenbach (Main)
Tel.: (0611) 8070
Gesellschafter: Siemens (100%)

M. U. G., M. A. N.-Uranit Gronau GmbH
Röntgenstr. 2, Postfach 1669, 4432 Gronau
Tel.: (02562) 5068
Gesellschafter: M.A.N., URANIT (je 50%)
Montage von Gas-Ultra-Zentrifugen zur Anreicherung von Uran

NIS Nuklear-Ingenieur-Service GmbH
Donaustr. 23, 6450 Hanau (Main)
Tel.: (06181) 15014-18
Gesellschafter: Lahmeyer International GmbH, NUS Corp. (USA)

NRG Nuklearrohr-Gesellschaft mbH
Wörthstr. 171, Postfach 100167, 4100 Duisburg 1
Tel.: (0203) 6030
Gesellschafter: Kraftwerk Union AG, Vereinigte Deutsche Metallwerke AG (je 50%)

NTL Nukleare Transportleistungen GmbH
Rodenbacher Chaussee 6, Postfach 110050, 6450 Hanau 11
Tel.: (06181) 58-0
Gesellschafter: Transnuklear GmbH, Transnucléaire S. A., British Nuclear Fuels Ltd. (zu je ⅓)
Transport bestrahlter oxidischer Brennelemente aus deutschen Kernkraftwerken zu ausländischen Wiederaufarbeitungsanlagen

NUKEM GmbH
Rodenbacher Chaussee 6, Postfach 110080, 6450 Hanau 11
Tel.: (06181) 58-0
Gesellschafter: RWE (45%), DEGUSSA (35%), Metallgesellschaft (10%), Imperial Smelting Corporation Ltd. (Tochterunternehmen von The Rio Tinto-Zinc Corporation Ltd., London) (10%)
Entwicklung technischer Verfahren, Planung, Bau und Erprobung kerntechnischer Anlagen, Systeme und Apparate im nuklearen Brennstoffkreislauf, z. B. Behandlung, Verfestigung und Lagerung radioaktiver Abfälle
Anlagen zur Brennelementfertigung, Transport- und Lagersysteme für abgebrannte Brennelemente, Anlagen und Systeme zur Wiederaufarbeitung, Decommissioning kerntechnischer Anlagen
Anlagenbau, Planung und Bau von Sicherheits- und sicherheitstechnischen Systemen, Rohrwaschanlagen
Apparate und Behälter aus Edelstählen, Aluminium, Nikkellegierungen und Titan nach kerntechnischen Spezifikationen
Brennelemente und Kernbrennstoffe für Materialtest-, Forschungs- und Unterrichtsreaktoren, Regel- und Absorberelemente, Uran- und Thoriumverbindungen, Brennstoffchemie, abgereichertes Uranmetall, Formkörper, Abschirmteile, Aufarbeitung von Uranschrotten
Tritiumtechnologie, Tritiumadsorptionsanlagen, Beschleunigertargets und Zubehör
Dienstleistungen auf dem Gebiet des nuklearen Brennstoffkreislaufs, Vermittlung und Beschaffung von Kernbrennstoffen, Nukem-Marktbericht über den Kernbrennstoffkreislauf, Beratung und Abwicklung von Verträgen, Untersuchungen und Studien, Auftragsforschung und -entwicklung, nuklearer Versicherungsdienst

Anlagen zur zerstörungsfreien Werkstoffprüfung mittels Ultraschall und Wirbelstrom, Prozeßinstrumentierung
Filter und Anlagen für die Abgasreinigung, Abluftreinigungsanlagen, Dienstleistungen und Beratung, Anlagen für die Wasserstofferzeugung

Nuklearbrennstoff GmbH
Bismarckstr. 54, 4300 Essen 1
Tel.: (0201) 187-2118 und 187-2119
Gesellschafter: STEAG Kernenergie GmbH
Brennelemente für Leichtwasserreaktoren

Nukleardienst GmbH (ND)
Postfach 110080, 6450 Hanau
Tel.: (06181) 58-1
Gesellschafter: BNFL (Großbritannien), NUKEM GmbH

Pechiney Deutschland GmbH
Graf-Adolf-Str. 80, Postfach 6126, 4000 Düsseldorf 1
Tel.: (0211) 353262
Gesellschafter: Pechiney S. A., Paris
Vertretung und Vertrieb folgender Produkte in der BRD: Uranium Pechiney: Natururan und Dienstleistungen in jeglicher Form; Comurhex: Konversion von Uran-Konzentraten und Lagerung von $UF_6$; Cezus: Vormaterial und Halbzeug aus Zirkonium und seinen Legierungen; Cime-Bocuze: Sinter-Schiffchen u. Beryllium-Antimon-Tabletten; FBFC: Brennelemente für Leichtwasser-Reaktoren; CERCA: Ausrüstungen für Handling, Inspektion u. Lagerung von Brennelementen; Zircotube: Hüllrohre aus Zircaloy; Trefimetaux-Mehako GmbH: Rohre aus Kupferlegierungen für den Sekundär-Kreislauf.

Reaktor-Brennelement Union GmbH (RBU)
Industriegelände, Postfach 110060, 6450 Hanau 11 (Wolfgang)
Tel.: (06181) 58-0
Gesellschafter: Kraftwerk Union AG (60%), NUKEM GmbH (40%)
Oxidische Brennelemente für Kernkraftwerke

Reederei und Spedition »Braunkohle« GmbH (RSB)
Kölner Str. 38–44, Postfach 52, 5047 Wesseling 1
Tel.: (02236) 704-0
Gesellschafter: Rheinbraun Verkaufsgesellschaft mbH, Köln (im Besitz der Rheinische Braunkohlenwerke AG, die zu fast 100% der RWE gehört)

Transport und Lagerung von Uranoxid, Uranhexafluorid und bestrahlten Brennelementen im In- und Ausland

Saarberg-Interplan Uran GmbH
Geschäftsführung, Verwaltung und Briefanschrift:
Stengelstr. 1, Postfach 73, 6600 Saarbrücken 1
Tel.: (0681) 5008-0
Bereiche Handel und Technik:
Heinrich-Boecking-Str. 6–8, 6600 Saarbrücken 3
Tel.: (0681) 60050
Gesellschafter: Badenwerk AG (12,5%), Energie-Versorgung Schwaben AG (12,5%) und Saarbergwerke AG (75%)
Aufsuchen und Erschließen von Uranerzlagerstätten, Uranerzbergbau und -aufbereitung im In- und Ausland; Beteiligung an Urangewinnungsvorhaben; Handel mit Urankonzentraten und Vermittlung von Dienstleistungen im Kernbrennstoffkreislauf

STEAG Kernenergie GmbH
Bismarckstr. 54, 4300 Essen
Tel.: (0201) 187-0
Gesellschafter: Walsum Energie- und Bergwerksgesellschaft AG (zu 100% im Besitz der STEAG)
Kernbrennstoffdienst – Lieferung von Uran und Plutonium. Technologische Entwicklung der Urananreicherung nach dem Trenndüsenverfahren. Ingenieurarbeiten für Planung, Bau und Betrieb von kerntechnischen Anlagen, Systemen und Komponenten

TRANSNUKLEAR GmbH
Postfach 110030, 6450 Hanau (Main) 11
Tel.: (06181) 58-0
Gesellschafter: NUKEM, Transnucléaire (Frankreich) (je 50%)
Transport radioaktiver Stoffe; Lagerung von $UF_6$ abgereichert, natürlich oder angereichert sowie von $U_3O_8$; Zerlegung, Konditionierung und Beseitigung radioaktiver Abfälle; Entwicklung und qualitätsgesicherte Fertigung zugehöriger Transport- und Lagerbehälter in Zusammenarbeit mit führenden Herstellern; Planung, Entwicklung und Bau zugehöriger Handhabungseinrichtungen, Übergabestationen und Testlastsysteme für Krananlagen, Transportstudien, Entwicklung und Herstellung von Kühlkreisläufen für die Rückkühlung von BE-Transportbehältern, Reaktorservice; Trans-

port und Abwicklung der Wiederaufarbeitung verbrauchter MTR-Brennelemente; Ausstattung von Behälterlagern; Risiko- und Störfallanalysen
Beteiligung: Nuclear Transport Ltd. (Großbritannien), NTL Nukleare Transportleistungen GmbH, Hanau

United Reprocessors GmbH (URG)
Postfach 6909, 7500 Karlsruhe 1
Tel.: (07247) 5473
Gesellschafter: BNFL (Großbritannien), CEA (Frankreich), KEWA (BRD) (je zu ⅓)
Vertrieb von Leistungen der Wiederaufarbeitung bestrahlter oxidischer Kernbrennstoffe sowie damit zusammenhängender Dienstleistungen

Uranerzbergbau-GmbH (UEBG)
Kölnstr. 367, Postfach 170210, 5300 Bonn 1
Tel.: (0228) 5570
Gesellschafter: C. Deilmann AG, Rheinische Braunkohlenwerke AG (je 50%)
Prospektion, Gewinnung und Vertrieb von Kernbrennstoffen

Urangesellschaft mbH (UG)
Bleichstr. 60–62, Postfach 4409, 6000 Frankfurt am Main 1
Tel.: (0611) 2169-1
Gesellschafter: Metallgesellschaft, STEAG, VEBA (zu je ⅓)
Prospektion und Exploration von Uranerzlagerstätten, Betrieb von Uranbergwerken und Uranerzaufbereitungsanlagen, Beteiligung an Vorhaben und Unternehmen auf diesen Gebieten, Handel mit Uran in Form von Erzen, Konzentraten und Verbindungen (Natururan und angereichertes Uran sowie alle damit verbundenen Dienstleistungen)

URANIT GmbH
Stetternicher Staatsforst, Postfach 1411, 5170 Jülich
Tel.: (02461) 651
Gesellschafter: Preußische Elektrizitäts-AG (37,5%), NUKEM GmbH (37,5%), Hoechst AG (25%)
Gesellschaft für die Errichtung und den Betrieb von Urananreicherungsanlagen vornehmlich nach dem Gaszentrifugenverfahren sowie Verwertung der gewonnenen Kenntnisse und Erfahrungen auf allen Gebieten

Wiederaufarbeitungsanlage Karlsruhe Betriebsgesellschaft mbH (WAK GmbH)
Postfach 220, 7514 Eggenstein-Leopoldshafen 2
Tel.: (07247) 881
Gesellschafter: DWK

6. Bauherren und Betreiber von Atomkraftwerken

Arbeitsgemeinschaft Versuchsreaktor GmbH (AVR)
Luisenstr. 105, i. Hs. Stadtwerke Düsseldorf, 4000 Düsseldorf
Tel.: (0211) 8212467
AVR-Versuchsatomkraftwerk
5170 Jülich, Kernforschungsanlage
Tel.: (02461) 53091
Gesellschafter (Beteiligung in %): Stadtwerke Aachen AG (2,46), Stadt Bonn (2,05), Stadtwerke Bremen AG (12,29), Stadtwerke Düsseldorf AG (20,49), Stadtwerke Duisburg AG (4,92), Stadtwerke Hannover AG (8,19), Elektromark Kommunales Elektrizitätswerk Mark AG, Hagen (16,39), Elektrizitätswerk Minden-Ravensberg GmbH, Herford (4,10), Stadtwerke Krefeld AG (2,05), Stadtwerke Mannheim AG (4,10), Stadt München (12,29), Stadtwerke Würzburg AG (0,83), Elektrizitätswerk Wesertal GmbH, Hameln (1,64), Wuppertaler Stadtwerke AG (6,15), Oberhessische Versorgungsbetriebe, Friedberg (2,05)
Badenwerk AG
Postfach 1680, 7500 Karlsruhe 1
Tel.: (0721) 692-1
Das Badenwerk ist u.a. an der Kernkraftwerk Obrigheim GmbH, der Kernkraftwerk Philippsburg GmbH, der Kernkraftwerk Süd GmbH beteiligt und betreibt über die Tochtergesellschaft Kernkraftwerk-Betriebsgesellschaft mbH die Reaktoren MZFR und KNK
Bayernwerk AG (BAG)
Blutenburgstr. 6, Postfach 200340, 8000 München 2
Tel.: (089) 12541
Das Bayernwerk betreibt das Kernkraftwerk Grafenrheinfeld (KKG) und ist u.a. beteiligt an den Kernkraftwerken VAK, KRB I u. II und KKI-1 und KKI-2

Energie-Versorgung Schwaben AG (EVS)
Kriegsbergstr. 32, 7000 Stuttgart 1
Tel.: (0711) 20831
Beteiligt an den Kernkraftwerken KWO, KKP-1 und -2, KWS und GKN-2

Europäische Schnellbrüter-Kernkraftwerksgesellschaft mbH (ESK)
Kruppstr. 5, 4300 Essen
Tel.: (0201) 1851
Gesellschafter: Schnell-Brüter-Kernkraftwerksgesellschaft mbH (51%), Ente Nazionale per l'Energia Elettrica (33%), Electricité de France (16%)
Die ESK wird Bauherr und Betreiber des geplanten SNR-Folgeprojekts (SNR-2) sein

Gemeinschaftskernkraftwerk Grohnde GmbH (KWG)
Postfach 1230, 3254 Emmerthal 1
Tel.: (05155) 671
Informationszentrum: Hauptstr. 1, 3254 Emmerthal 1, Ortsteil Kirchohsen
Gesellschafter: Preußische Elektrizitäts-AG/Gemeinschaftskraftwerk Weser GmbH
Errichtet und betreibt das Kernkraftwerk Grohnde

Gemeinschaftskernkraftwerk Neckar GmbH (GKN)
Postfach, 7129 Neckarwestheim
Tel.: (07133) 13-1
Gesellschafter: Deutsche Bundesbahn (20%), Energie-Versorgung Schwaben AG (4,1%), Neckarwerke Elektrizitätsversorgungs-AG (40,9%), Technische Werke der Stadt Stuttgart AG (32%), Zementwerk Lauffen – Elektrizitätswerk Heilbronn AG (ZEAG) (3%)
Betreibt Kernkraftwerk GKN in 7129 Neckarwestheim (Neckar)/7121 Gemmrigheim

Hamburgische Electricitäts-Werke AG (HEW)
Überseering 12, 2000 Hamburg 60
Tel.: (040) 6361
Beteiligt an den Kernkraftwerken KKS, KKB, KKK und KBR

Hochtemperatur-Kernkraftwerk GmbH (HKG)
Siegenbeckstr. 10, 4700 Hamm 1
Tel.: (02388) 7-1
Gesellschafter (Beteiligung in %): Gemeinschaftskraftwerk

Weser GmbH, Porta Westfalica (26), Elektromark Kommunales Elektrizitätswerk Mark AG, Hagen (26), Vereinigte Elektrizitätswerke Westfalen AG, Dortmund (28,22), Gemeinschaftswerk Hattingen GmbH (12), Stadtwerke Aachen AG (5), Stadtwerke Bremen AG (2,78)
Betreibt das THTR-Prototyp-Kernkraftwerk

Isar-Amperwerke AG
Postfach 370220, 8000 München 37
Tel.: (089) 52081
Beteiligt am in Bau befindlichen Kernkraftwerk Isar-2 (25%)

Kernkraftwerk-Betriebsgesellschaft mbH (KBG)
7514 Eggenstein-Leopoldshafen 2
Tel.: (07247) 861
Gesellschafter: Badenwerk AG (100%)
Betreibt MZFR und KNK

Kernkraftwerk Brokdorf GmbH (KBR)
c/o Nordwestdeutsche Kraftwerke AG
Pappelallee 35–37, Postfach: 760820, 2000 Hamburg 76
Tel.: (040) 202060
Informationsstelle: Dorfstraße/Schule, 2211 Brokdorf
Tel.: (04829) 655
Gesellschafter: Nordwestdeutsche Kraftwerke AG (80%), Hamburgische Electricitäts-Werke AG (20%)
Errichtet und betreibt Kernkraftwerk Brokdorf

Kernkraftwerk Brunsbüttel GmbH (KKB)
Otto-Hahn-Str., 2212 Brunsbüttel
Tel.: (04852) 8821
Informationszentrum: Kernkraftwerk Brunsbüttel, 2212 Brunsbüttel
Tel.: (04852) 87334
Gesellschafter: HEW (66⅔%), NWK (33⅓%)
Betreibt Kernkraftwerk Brunsbüttel (Elbe)

Kernkraftwerke Gundremmingen Betriebsgesellschaft mbH
8871 Gundremmingen
Tel.: (08224) 78-1
Gesellschafter: RWE (75%), Bayernwerk (25%)
Betreibt Kernkraftwerke Gundremmingen

Kernkraftwerk Isar GmbH (KKI)
Postfach 370225, 8000 München 37
Tel.: (089) 12543615, 52082306

Gesellschafter: Bayernwerk AG (50%), Isar-Amperwerke AG (50%)
Betreibt Kernkraftwerk Isar (KKI-1) Betriebsleitung: Postfach 1106, 8307 Essenbach
Tel.: (08702) 20-1

Kernkraftwerk Krümmel GmbH (KKK)
Elbuferstr. 82, 2054 Geesthacht/Krümmel
Tel.: (04152) 151
Informationszentrum: Elbuferstr. 82, 2054 Geesthacht/Krümmel
Tel.: (04152) 5940
Gesellschafter: HEW, NWK (je 50%)
Baut und betreibt Kernkraftwerk Krümmel

Kernkraftwerk Lingen GmbH (KWL)
Schüttorfer Str. 100, 4450 Lingen (Ems)
Tel.: (0591) 4281
Gesellschafter: Vereinigte Elektrizitätswerke Westfalen AG
Betreibt Stillegung des Kernkraftwerks Lingen (Ems)

KKL Kernkraftwerk Lippe GmbH
Rheinlanddamm 24, 4600 Dortmund 1
Tel.: (0231) 438-1
Gesellschafter: Vereinigte Elekrizitätswerke Westfalen AG (VEW)
Wollte das inzwischen stornierte KKH Hamm bauen

Kernkraftwerk Lippe-Ems GmbH (KLE)
Rheinlanddamm 24, Postfach 941, 4600 Dortmund 1
Tel.: (0231) 4381
Gesellschafter: VEW (74%), Elektromark (26%)
Baut das KKE Emsland, das 1988 in Betrieb gehen soll

Kernkraftwerk Obrigheim GmbH (KWO)
6951 Obrigheim (Neckar)
Tel.: (06261) 651
Gesellschafter (Beteiligung in %): Energie-Versorgung Schwaben AG (35), Badenwerk AG (28), Technische Werke der Stadt Stuttgart AG (14), Neckarwerke Elektrizitätsversorgungs-AG (10), Stadt Karlsruhe, Stadtwerke (5), Kraftübertragungswerke Rheinfelden AG (3), Stadt Ulm GmbH (2,2), ZEAG Zementwerk Lauffen – Elektrizitätswerk Heilbronn AG (1,7), Stadtwerke Heidenheim AG (0,4), Alb Elektrizitätswerk Geislingen (Steige) eG (0,3), C. Klinglers Erben, Elektrizitätswerk Nagold (0,2), Elektrizitätswerk

Braunsbach eG (0,1), Adolf Hessenthaler, Vaihingen (0,1)
Betreibt Kernkraftwerk Obrigheim (Neckar)

Kernkraftwerk Philippsburg GmbH (KKP)
Rheinschanzinsel, Postfach 1140, 7522 Philippsburg
Tel.: (07256) 851
Gesellschafter: Badenwerk AG und Energieversorgung Schwaben (je 50%)
Betreibt KKP 1 und KKP 2 Philippsburg/Rhein

Kernkraftwerk RWE-Bayernwerk GmbH (KRB)
8871 Gundremmingen über Günzburg
Tel.: (08224) 78-1
Gesellschafter: RWE (75%), Bayernwerk (25%)
Betreibt KRB-B und -C Gundremmingen, Stillegung des KRB-A

Kernkraftwerk RWE-Lechwerke GbR (KRL)
Postfach 102027, Schaezlerstr. 3, 8900 Augsburg 1
Tel.: (0821) 3253-1
Gesellschaft für die gemeinsame Errichtung und den Betrieb von Kernkraftwerken des RWE und der Lech-Elektrizitätswerke im Versorgungsgebiet der Lech-Elektrizitätswerke

Kernkraftwerke Stade GmbH (KKS)
Sitz: Pappelallee 35/37, 2000 Hamburg 76
Tel.: (040) 202060
Verwaltung und Betrieb: Postfach 1780, 2160 Stade
Tel.: (04141) 15-1
Informationszentrum: Kernkraftwerk Stade, Postfach 1780, 2161 Hollern-Bassenfleth
Tel.: (04141) 151
Gesellschafter: NWK (66⅔%), HEW (33⅓%)
Betreibt Kernkraftwerk Stade (Elbe)

Kernkraftwerk Süd GmbH (KWS)
Postfach 3720, 7500 Karlsruhe 1
Tel.: (0721) 81091
Gesellschafter: Badenwerk, EVS (je 50%)
Plant Bau des KWS Wyhl, Kreis Emmendingen

Kernkraftwerk Unterweser GmbH (KKU)
Postfach 140, 2883 Rodenkirchen-Stadland 1
Tel.: (04732) 80-1
Informationspavillon: Kernkraftwerk Unterweser, 2883 Rodenkirchen-Stadland 1
Tel.: (04732) 500

Gesellschafter: Preußische Elektrizitäts-AG, NWK (je 50%)
Betreibt KKU Unterweser

Neckarwerke Kernkraft GmbH
Küferstr. 2, 7300 Esslingen (Neckar)
Tel.: (0711) 31900
Gesellschafter: Neckarwerke Elektrizitätsversorgungs-AG (NW) (93,39%), Zementwerk Lauffen – Elektrizitätswerk Heilbronn AG Lauffen (Neckar) (ZEAG) (6,61%)
Gegenstand der Gesellschaft sind Bau eines Atomkraftwerks in Neckarwestheim/Gemmrigheim zusammen mit der TWS Kernkraft GmbH. Betrieb dieses Atomkraftwerks durch die im Auftrag und für Rechnung der Kraftwerkseigentümer handelnde Gemeinschaftskernkraftwerk Neckar GmbH und die Abgabe der erzeugten und anteilig auf die Gesellschaft entfallenden Energie an die Gesellschafter. Der Leistungsanteil der Gesellschaft beträgt 48,4%; davon entfallen auf NW 45,2% und auf ZEAG 3,2%

Nordwestdeutsche Kraftwerke AG (NWK)
Pappelallee 35/37, 2000 Hamburg 76
Tel.: (040) 20206-0
Beteiligt an den Atomkraftwerken KKS, KKB, KKU, KKK und KBR

Pfalzwerke AG
Kurfürstenstr. 29, 6700 Ludwigshafen
Tel.: (0621) 56111
Planung der stornierten Atomkraftwerke Neupotz A und B

Preußische Elektrizitäts-AG (Preußenelektra)
Postfach 4849, 3000 Hannover 1
Tel.: (0511) 439-1
Betreibt Kernkraftwerk Würgassen (KWW)
Preußische Elektrizitäts-AG, Kernkraftwerk Würgassen
Postfach 1220, 3472 Beverungen 1
Tel.: (05273) 91-1
Beteiligt an der Gemeinschaftskernkraftwerk Grohnde GmbH und der Kernkraftwerk Unterweser GmbH

Rheinisch-Westfälisches Elektrizitätswerk AG (RWE)
Kruppstr. 5, 4300 Essen
Tel.: (0201) 1851
Betreibt Atomkraftwerk Biblis A und B
Postfach 1140, 6843 Biblis
Tel.: (06245) 211

Mehrheitlich beteiligt an stillgelegten Atomkraftwerken VAK, KRB-A, den in Betrieb befindlichen Atomkraftwerken KRB-B und KKB-C sowie dem in Bau befindlichen Atomkraftwerk SNR-300.

Schnell-Brüter-Kernkraftwerksgesellschaft mbH (SBK) Gemeinsames Europäisches Unternehmen
Kruppstr. 5, 4300 Essen
Tel.: (0201) 1851
Gesellschafter: Rheinisch-Westfälisches Elektrizitätswerk AG (68,85%), N. V. Samenwerkende Elektriciteits-Produktiebedrijven (14,75%), Electronucléaire N. V. (14,75%), Central Electricity Generating Board (1,65%)
Bauherr des im Bau befindlichen SNR-300-Prototyp-Atomkraftwerks in Kalkar, Kreis Kleve

Technische Werke der Stadt Stuttgart AG
Lautenschlagerstr. 21, Postfach 793, 7000 Stuttgart 1
Tel.: (0711) 289-1
Beteiligt am Gemeinschaftskernkraftwerk Neckar (GKN) zu 32%, am Kernkraftwerk Obrigheim (KWO) zu 14%, an der Deutschen Gesellschaft für Wiederaufarbeitung von Kernbrennstoffen mbH (DWK) zu 2%

THTR-Kernkraftwerk Hamm-Uentrop
siehe: Hochtemperatur-Kernkraftwerk GmbH

Vereinigte Elektrizitätswerke Westfalen AG (VEW)
Rheinlanddamm 24, Postfach 941, 4600 Dortmund 1
Tel.: (0231) 4381
Die VEW sind u. a. beteiligt an KWL, HKG, EURO-HKG, KLE

Versuchsatomkraftwerk Kahl GmbH (VAK)
Postfach 6, 8756 Kahl (Main)
Tel.: (06188) 2081
Gesellschafter: RWE (80%), Bayernwerk (20%)

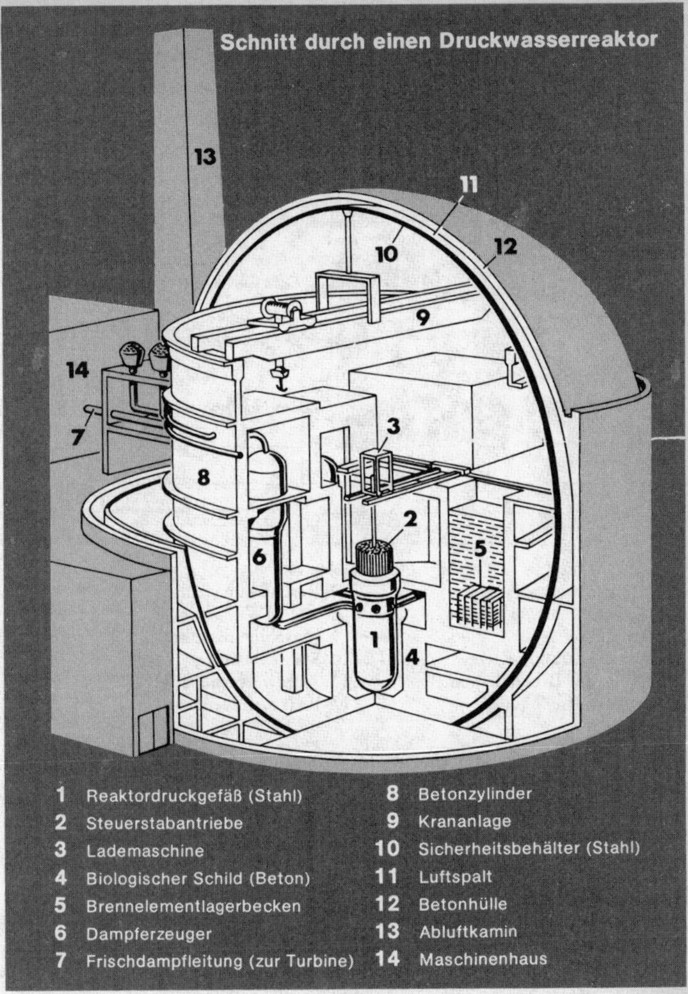


Schnitt durch einen Druckwasserreaktor (DWR)
Aus: Hans Michaelis, Handbuch der Kernenergie, Band 1, München 1982, Seite 85

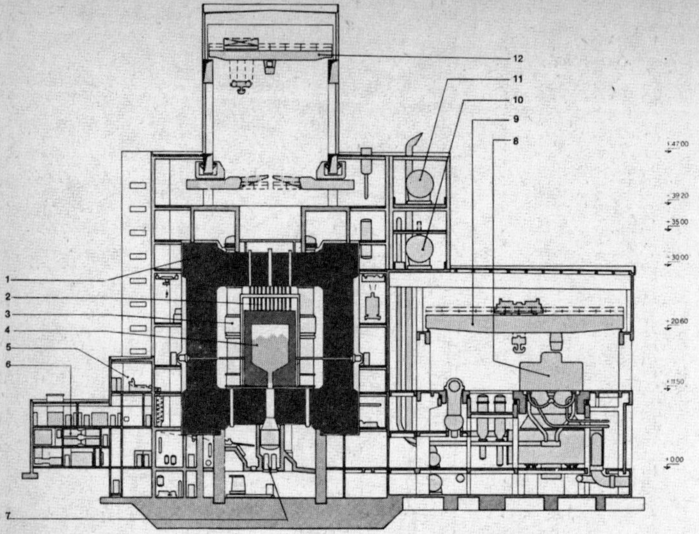


1 Reaktordruckbehälter
2 Regel- und Abschaltstäbe
3 Dampferzeuger
4 Core mit 600 000 Kugeln
5 Zugabe der Brennelemente
6 Reaktorhilfsgebäude
7 Beschickungsanlage
8 300-MW-Turbine
9 Maschinenhauskran
10 Speisewasserbehälter
11 Kühlwasserbehälter
12 Reaktorhallenkran

Schnitt durch den Thorium-Hochtemperatur-Reaktor (THTR) in Uentrop-Schmehausen
Aus: Hans Michaelis, Handbuch der Kernenergie, Band 1, München 1982, Seite 77

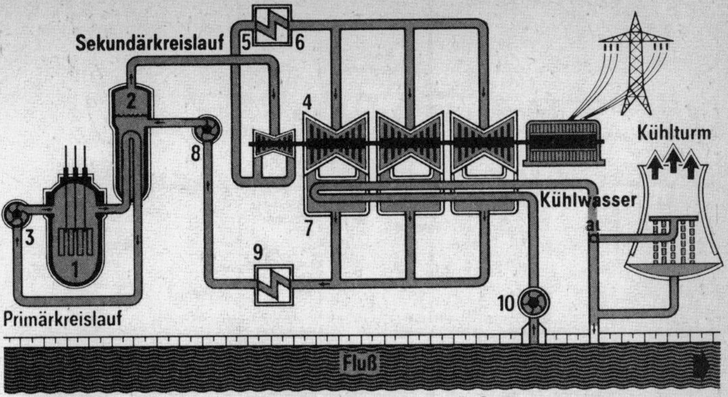


1 Reaktor
2 Dampferzeuger
3 Hauptkühlmittelpumpe
4 Turbosatz
5 Wasserabscheider
6 Zwischenüberhitzer
7 Kondensator
8 Speisewasserpumpe
9 Vorwärmer
10 Kühlwasserpumpe

**Kernkraftwerk mit Druckwasserreaktor, Kreislauf**

Schema des Primär- und des Sekundär-Kreislaufs des Druckwasser-Kernkraftwerks Biblis A
Aus: Hans Michaelis, Handbuch der Kernenergie, Band 1, München 1982, Seite 86

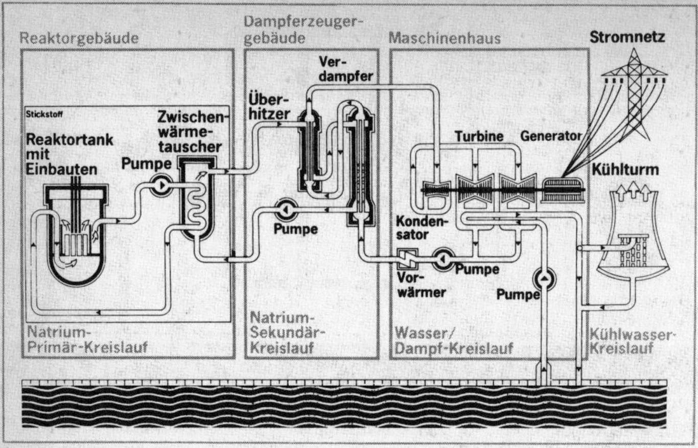


Prinzipskizze eines Schnellen Brutreaktors (SNR)
Aus: Hans Michaelis, Handbuch der Kernenergie, Band 1, München 1982, Seite 92

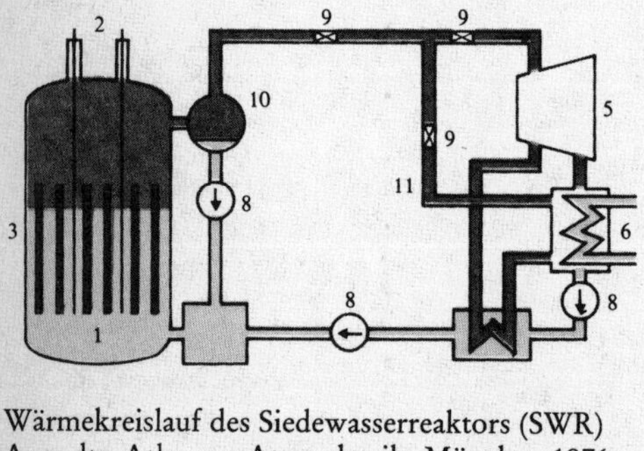

1 Reaktorkern
2 Regelstäbe
3 Druckbehälter
4 Wärmeaustauscher
5 Turbine
6 Kondensator
7 Vorwärmer
8 Pumpen
9 Ventile
10 Wasser-Abscheider
11 Überlaufleitung

Wärmekreislauf des Siedewasserreaktors (SWR)
Aus: dtv-Atlas zur Atomphysik, München 1976

## Abkürzungen der Reaktortypen

$D_2O$-Gas: Schwerwassermoderierter, gasgekühlter Reaktor
DWR: Druckwasserreaktor
HDR: Heißdampfreaktor
HTR: Hochtemperaturreaktor, gasgekühlt
SNR: Schneller Natriumbrutreaktor
SDDR: Schwerwassermoderierter Druckwasserreaktor
SWR: Siedewasserreaktor
ZrH-Na: Zirkonwasserstoffmoderierter, natriumgekühlter Reaktor

## Umrechnungen

1 t SKE = 1 Tonne Steinkohleneinheit
1 J = Joule
1 KWh = 1 Kilowattstunde
1 KCal = 1 Kilokalorie

1 t SKE = $7 \cdot 10^6$ KCal = $29{,}295 \cdot 10^9$ J = 8138,6 KWh
1 KCal = $1{,}163 \cdot 10^{-3}$ KWh = 4185 J = $0{,}143 \cdot 10^{-6}$ t SKE
1 KWh = 860,1 KCal = 3599,5 J = $0{,}123 \cdot 10^{-3}$ t SKE

## Literatur


Bröcker, Bernhard: dtv-Atlas zur Atomphysik. München 1976
Büchele, Christoph: Fakten gegen den Atomstrom. Freiburg 1983
Franke, Jürgen/Dieter Viefhues: Das Ende des billigen Atomstroms. Köln 1983
Michaelis, Hans: Handbuch der Kernenergie. München 1982
Radkau, Joachim: Aufstieg und Krise der deutschen Atomwirtschaft 1945–1975. Hamburg 1983
Strohm, Holger: Friedlich in die Katastrophe. Hamburg 1981

# dtv-Atlas zur Atomphysik

Tafeln und Texte

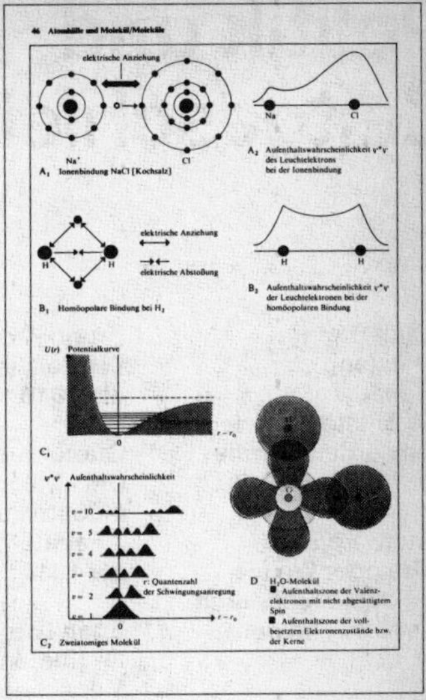


**dtv-Atlas zur Atomphysik**
von Bernhard Bröcker
Tafeln und Texte
Originalausgabe

dtv

Aus dem Inhalt:
Entdeckungen. Quantentheorie. Atomhülle und Molekül. Meß-methoden. Kernphysik. Kern-modelle. Elementarteilchen. Wechselwirkung. Detektoren. Quellen. Reaktoren. Atombomben. Strahlenschutz. Nuklidkarte. Kerntabelle. Konstanten.

dtv 3009

# Politik und Zeitgeschichte

Arnulf Baring:
Im Anfang war Adenauer
Die Entstehung der Kanzlerdemokratie
dtv 10097

Erhard Eppler:
Ende oder Wende
Von der Machbarkeit des Notwendigen
dtv 1221

George Gilder:
Reichtum und Armut
dtv 10093

Alfred Grosser:
Geschichte Deutschlands seit 1945
Eine Bilanz
dtv 1007
Das Bündnis
Die westeuropäischen Länder und die USA seit dem Krieg
dtv 1760
Versuchte Beeinflussung
Zur Kritik und Ermunterung der Deutschen
dtv 10128

George F. Kennan:
Memoiren eines Diplomaten
dtv 10096

Bruno Kreisky:
Die Zeit, in der wir leben
dtv 1618

Günter Kunz (Hrsg.):
Die ökologische Wende
Industrie und Ökologie – Feinde für immer?
dtv 10141

Egon Larsen:
Im Namen der Menschenrechte
Die Geschichte von amnesty international
dtv 10081

Robert Leicht (Hrsg.):
Im Lauf des Jahres
Deutsche Texte und Dokumente 1981
dtv 1754
Band 2: 1982
dtv 10092

Wilhelm Stöckle:
Deutsche Ansichten
100 Jahre Zeitgeschichte auf Postkarten
dtv 10041

Elke und Jannes Kazuomi Tashiro:
Hiroshima
Menschen nach dem Atomkrieg
Zeugnisse, Berichte, Folgerungen
dtv 10098

Carl Friedrich von Weizsäcker:
Wege in der Gefahr
Eine Studie über Wirtschaft, Gesellschaft und Kriegsverhütung
dtv 1452
Deutlichkeit
Beiträge zu politischen und religiösen Gegenwartsfragen
dtv 1687

dtv

# Frederic Vester

dtv 1327

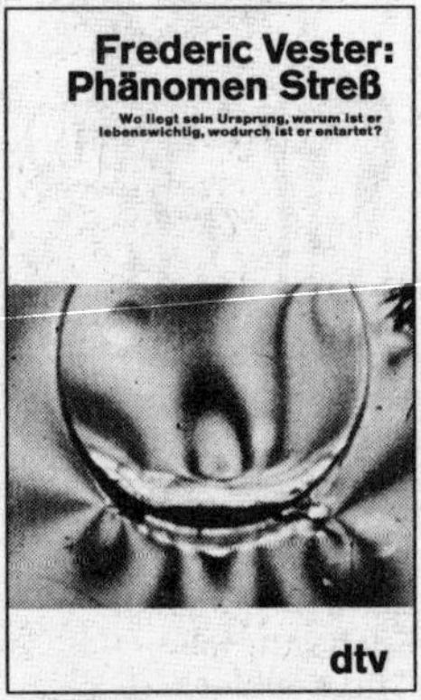


dtv 1396

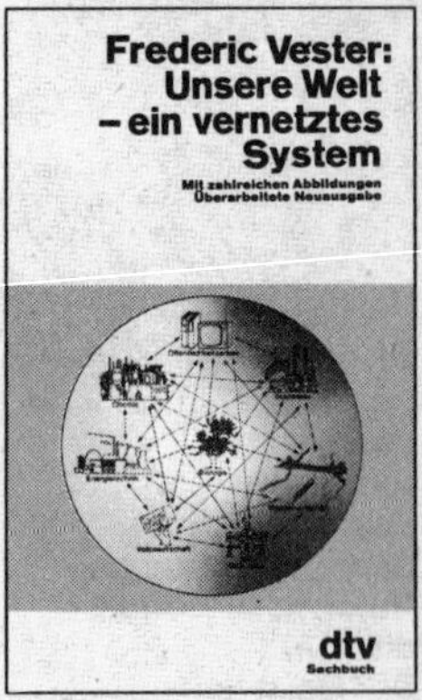


dtv 10118

dtv 10080

dtv 1283

dtv 10220